書名：相法秘傳百日通

系列：心一堂術數珍本古籍叢刊 相術類

作者：上海星相研究社編

主編、責任編輯：陳劍聰

心一堂術數珍本古籍叢刊編校小組：陳劍聰 素聞 梁松盛 鄒偉才 虛白盧主

出版：心一堂有限公司

地址/門市：香港九龍尖沙咀東麼地道六十三號好時中心LG 六十一室

電話號碼：+852-6715-0840

網址：www.sunyata.cc

電郵：sunyatabook@gmail.com

網上書店：http://book.sunyata.cc

網上論壇：http://bbs.sunyata.cc/

版次：二零一三年八月初版

平裝

定價：港幣　六十八元正

　　　人民幣　六十八元正

　　　新台幣　一百九十八元正

國際書號：ISBN 978-988-8058-66-2

版權所有　翻印必究

香港及海外發行：香港聯合書刊物流有限公司

地址：香港新界大埔汀麗路三十六號中華商務印刷大廈三樓

電話號碼：+852-2150-2100

傳真號碼：+852-2407-3062

電郵：info@suplogistics.com.hk

台灣發行：秀威資訊科技股份有限公司

地址：台灣台北市內湖區瑞光路七十六巷六十五號一樓

電話號碼：+886-2-2796-3638

傳真號碼：+886-2-2796-1377

網路書店：www.bodbooks.com.tw

地址：台灣新北市新店區寶橋路二三五巷六弄三號五樓

電話號碼：+886-2-8911-0825

傳真號碼：+886-2-8911-0801

email：book-info@ecorebooks.com

易可部落格：http://ecorebooks.pixnet.net/blog

經銷：易可數位行銷股份有限公司

www.govbooks.com.tw

中國大陸發行・零售：心一堂書店

深圳地址：中國深圳羅湖立新路六號東門博雅負一層零零八號

電話號碼：+86-755-8222-4934

北京地址：中國北京東城區雍和宮大街四十號

心一店淘寶網：http://sunyatacc.taobao.com

心一堂術數古籍珍本叢刊 總序

術數定義

術數，大概可謂以「推算、推演人（個人、群體、國家等）、事、物、自然現象、時間、空間方位等規律及氣數，並或通過種種『方術』」，從而達致趨吉避凶或某種特定目的」之知識體系和方法。

術數類別

我國術數的內容類別，歷代不盡相同，例如《漢書・藝文志》中載，漢代術數有六類：天文、曆譜、無行、蓍龜、雜占、形法。至清代《四庫全書》，術數類則有：數學、占候、相宅相墓、占卜、命書、相書、陰陽五行、雜技術等，其他如《後漢書・方術部》《藝文類聚・方術部》《太平御覽・方術部》等，對於術數的分類，皆有差異。古代多把天文、曆譜、及部份數學均歸入術數類，而民間流行亦視傳統醫學作為術數的一環；此外，有些術數與宗教中的方術亦往往難以分開。現代學界則常將各種術數歸納為五大類別：命、卜、相、醫、山，通稱「五術」。

本叢刊在《四庫全書》的分類基礎上，將術數分為九大類別：占筮、星命、相術、堪輿、選擇、三式、讖緯、理數（陰陽五行）、雜術。而未收天文、曆譜、算術、宗教方術、醫學。

術數思想與發展─從術到學，乃至合道

我國術數是由上古的占星、卜蓍、形法等術發展下來的。其中卜蓍之術，是歷經夏商周三代而通過「龜卜、蓍筮」得出卜（卦）辭的一種預測（吉凶成敗）術，之後歸納並結集成書，此即現傳之《易經》。經過春秋戰國至秦漢之際，受到當時諸子百家的影響、儒家的推祟，遂有《易傳》等的出現，原本是卜著術書的《易經》，被提升及解讀成有包涵「天地之道（理）」之學。因此，《易・繫辭傳》曰：「易與天地準，故能彌綸天地之道。」

漢代以後，易學中的陰陽學說，與五行、九宮、干支、氣運、災變、律曆、卦氣、讖緯、天人感應說等相結

合，形成易學中象數系統。而其他原與《易經》本來沒有關係的術數，如占星、形法、選擇，亦漸漸以易理

（象數學說）為依歸。《四庫全書‧易類小序》云：「術數之興，多在秦漢以後。要其旨，不出乎陰陽五行，

生尅制化。實皆《易》之支派，傅以雜說耳。」至此，術數可謂已由「術」發展成「學」。

及至宋代，術數理論與理學中的河圖洛書、太極圖、邵雍先天之學及皇極經世等學說給合，通過術數

以演繹理學中「天地中有一太極，萬物中各有一太極」（《朱子語類》）的思想。術數理論不單已發展至十

分成熟，而且也從其學理中衍生一些新的方法或理論，如《梅花易數》、《河洛理數》等。

在傳統上，術數功能往往不止於僅僅作為趨吉避凶的方術，及「能彌綸天地之道」的學問，亦有其

「修心養性」的功能，「與道合一」（修道）的內涵。《素問‧上古天真論》：「上古之人，其知道者，法於陰

陽，和於術數。」數之意義，不單是外在的算數、歷數、氣數，而是與理學中同等的「道」、「理」—心性的功

能，北宋理氣家邵雍對此多有發揮：「聖人之心，是亦數也」、「萬化萬事生乎心」、「心為太極」。《觀物外

篇》：「先天之學，心法也。……蓋天地萬物之理，盡在其中矣，心一而不分，則能應萬物。」反過來說，宋

代的術數理論，受到當時理學、佛道及宋易影響，認為心性本質上是等同天地之太極。天地萬物氣數規

律，能通過內觀自心而有所感知，即是內心也已具備有術數的推演及預測、感知能力，相傳是邵雍所

創之《梅花易數》，便是在這樣的背景下誕生。

《易‧文言傳》已有「積善之家，必有餘慶；積不善之家，必有餘殃」之說，至漢代流行的災變說及讖

緯說，我國數千年來都認為天災，異常天象（自然現象），皆與一國或一地的施政者失德有關；下至家

族、個人之盛衰，也都與一族一人之德行修養有關。因此，我國術數中除了吉凶盛衰理數之外，人心的德

行修養，也是趨吉避凶的一個關鍵因素。

術數與宗教、修道

在這種思想之下，我國術數不單只是附屬於巫術或宗教行為的方術，又往往已是一種宗教的修煉手

段—通過術數，以知陰陽，乃至合陰陽（道）。「其知道者，法於陰陽，和於術數。」例如，「奇門遁甲」術

中，即分為「術奇門」與「法奇門」兩大類。「法奇門」中有大量道教中符籙、手印、存想、內煉的內容，是道教內丹外法的一種重要外法修煉體系。甚至在雷法一系的修煉上，亦大量應用了術數內容。此外，相術、堪輿術中也有修煉望氣色的方法，堪輿家除了選擇陰陽宅之吉凶外，也有道教中選擇適合修道環境（法、財、侶、地中的地）的方法，以至通過堪輿術觀察天地山川陰陽之氣，亦成為領悟陰陽金丹大道的一途。

易學體系以外的術數與的少數民族的術數

我國術數中，也有不用或不全用易理作為其理論依據的，如楊雄的《太玄》、司馬光的《潛虛》。也有一些占卜法、雜術不屬於《易經》系統，不過對後世影響較少而已。

外來宗教及少數民族中也有不少雖受漢文化影響（如陰陽、五行、二十八宿等學說）但仍自成系統的術數，如古代的西夏、突厥、吐魯番等占卜及星占術，藏族中有多種藏傳佛教占卜術，苯教占卜術、擇吉術、推命術、相術等；北方少數民族有薩滿教占卜術；不少少數民族如水族、白族、布朗族、佤族、彝族、苗族等，皆有占雞（卦）草卜、雞蛋卜等術，納西族的占星術、占卜術，彝族畢摩的推命術、占卜術……等等，都是屬於《易經》體系以外的術數。相對上，外國傳入的術數以及其理論，對我國術數影響更大。

曆法、推步術與外來術數的影響

我國的術數與曆法的關係非常緊密。早期的術數中，很多是利用星宿或星宿組合的位置（如某星在某州或某宮某度）付予某種吉凶意義，并據之以推演，例如歲星（木星）、月將（某月太陽所躔之宮次）等。不過，由於不同的古代曆法推步的誤差及歲差的問題，若干年後，其術數所用之星辰的位置，已與真實星辰的位置不一樣了；此如歲星（木星），早期的曆法及術數以十二年為一周期（以應地支），與木星真實周期十一點八六年，每幾十年便錯一宮。後來術家又設「太歲」的假想星體來解決，是歲星運行的相反，週期亦剛好是十二年。而術數中的神煞，很多即是根據太歲的位置而定。又如六壬術中的「月將」，原是立春節氣後太陽躔娵訾之次而稱作「登明亥將」，至宋代，因歲差的關係，要到雨水節氣後太陽才躔

娵訾之次，當時沈括提出了修正，但明清時六壬術中「月將」仍然沿用宋代沈括修正的起法沒有再修正。

由於以真實星象周期的推步術是非常繁複，而且古代星象推步術本身亦有不少誤差，大多數術數除

依曆書保留了太陽（節氣）、太陰（月相）的簡單宮次計算外，漸漸形成根據干支、日月等的各自起例，以起

出其他具有不同含義的眾多想星象及神煞系統。唐宋以後，我國絕大部份術數都主要沿用這一系統，

也出現了不少完全脫離真實星象的術數，如《子平術》《紫微斗數》《鐵版神數》等。後來就連一些利用真

實星辰位置的術數，如《七政四餘術》及《選擇法中的《天星選擇》，也已與假想星象及神煞混合而使用了。

隨着古代外國曆（推步）術數的傳入，如唐代傳入的印度曆法及術數，元代傳入的回回曆等，其中我

國占星術便吸收了印度占星術中羅睺星、計都星等而形成四餘星，又通過阿拉伯占星術而吸收了其中來

自希臘、巴比倫占星術的黃道十二宮、四元素學說（地、水、火、風）並與我國傳統的二十八宿、五行說、神

煞系統並存而形成《七政四餘術》。此外，一些術數中的北斗星名，不用我國傳統的星名：天樞、天璇、天

璣、天權、玉衡、開陽、搖光，而是使用來自印度梵文所譯的：貪狼、巨門、祿存、文曲、廉貞、武曲、破軍等，

此明顯是受到唐代從印度傳入的曆法及占星術所影響。如星命術的《紫微斗數》及堪輿術的《撼龍經》等

文獻中，其星皆用印度譯名。及至清初《時憲曆》，置潤之法則改用西法「定氣」。清代以後的術數，又作

過不少的調整。

術數在古代社會及外國的影響

術數在古代社會中一直扮演着一個非常重要的角色，影響層面不單只是某一階層、某一職業、某一年

齡的人，而是上自帝王，下至普通百姓，從出生到死亡，不論是生活上的小事如洗髮、出行等，大事如建

房、入伙、出兵等，從個人、家族以至國家，從天文、氣象、地理到人事、軍事，從民俗、學術到宗教，都離不開

術數的應用。如古代政府的中欽天監（司天監），除了負責天文、曆法、輿地之外，亦精通其他如星占、選

擇、堪輿等術數，除在皇室人員及朝庭中應用外，也定期頒行日書、修定術數，使民間對於天文、日曆用事

吉凶及使用其他術數時，有所依從。

在古代，我國的漢族術數，甚至影響遍及西夏、突厥、吐蕃、阿拉伯、印度、東南亞諸國、朝鮮、日本、越南等地，其中朝鮮、日本、越南等國，一至到了民國時期，仍然沿用着我國的多種術數。

術數研究

術數在我國古代社會雖然影響深遠，「是傳統中國理念中的一門科學，從傳統的陰陽、五行、九宮、八卦、河圖、洛書等觀念作大自然的研究。……傳統中國的天文學、數學、煉丹術等，要到上世紀中葉始受世界學者肯定。可是，術數還未受到應得的注意。術數在傳統中國科技史、思想史、文化史、社會史，甚至軍事史都有一定的影響。……更進一步了解術數，我們將更能了解中國歷史的全貌。」(何丙郁《術數、天文與醫學中國科技史的新視野》香港城市大學中國文化中心。)

可是術數至今一直不受正統學界所重視，加上術家藏秘自珍，又揚言天機不可洩漏，「(術數)乃吾國科學與哲學融貫而成一種學說，數千年來傳衍嬗變，或隱或現，全賴一二有心人為之繼續維繫，賴以不絕，其中確有學術上研究之價值，非徒癡人說夢，荒誕不經之謂也。其所以至今不能在科學中成立一種地位者，實有數困。蓋古代士大夫階級目醫卜星相為九流之學，多恥道之；而發明諸大師又故為惝恍迷離之辭，以待後人探索，間有一二賢者有所發明，亦秘莫如深，既恐洩天地之秘，複恐譏為旁門左道，始終不肯公開研究，成立一有系統說明之書籍，貽之後世。故居今日而欲研究此種學術，實一極困難之事。」(民國徐樂吾《子平真詮評註》，方重審序)

現存的術數古籍，除極少數是唐、宋、元的版本外，絕大多數是明、清兩代的版本。其內容也主要是明、清兩代流行的術數，唐宋以前的術數及其書籍，大部份均已失傳，只能從史料記載、出土文獻、敦煌遺書中稍窺一麟半爪。

五

術數版本

坊間術數古籍版本，大多是晚清書坊之翻刻本及民國書賈之重排本，其中豕亥魚魯，或而任意增刪，

往往文意全非，以至不能卒讀。現今不論是術數愛好者，還是民俗、史學、社會、文化、版本等學術研究者，

要想得一常見術數書籍的善本、原版，已經非常困難，更遑論稿本、鈔本、孤本。在文獻不足及缺乏善本的

情況下，要想對術數的源流、理法、及其影響，作全面深入的研究，幾不可能。

有見及此，本叢刊編校小組經多年努力及多方協助，在中國、韓國、日本等地區搜羅了一九四九年以

前漢文為主的術數類善本、珍本、鈔本、孤本、稿本、批校本等千餘種，精選出其中最佳版本，以最新數碼技

術清理、修復版面，更正明顯的錯訛，部份善本更以原色精印，務求更勝原本，以饗讀者。不過，限於編校

小組的水平，版本選擇及考證、文字修正、提要內容等方面，恐有疏漏及舛誤之處，懇請方家不吝指正。

心一堂術數古籍珍本叢刊編校小組

二零零九年七月

相法祕傳目錄

相法祕傳

第一章　相法總論

上海星相研究社編輯

△相術緒言

相人之法創自唐虞以上至周秦以後其道大昌觀
於管輅見趙賢面相短壽而憐其純孝性成明示以
借壽之法其說似近迷信科學家必嗤爲怪誕然而

孔子生異相四十九表（註曰孔子四十九異表卽
反首注面月角日準河目海口龍顙蚪唇昌顏均頤
輔喉駢齒龍形龜脊虎掌胼脅參膺珪頂山臍上
林背翼臂注頭阜脥堤眉地谷竅雷聲澤腹修
短下末僂後耳而如蒙俱手垂過膝耳垂珠庭眉有
一十二彩目有六十四理「其備周天易理而能知
往知來」立如鳳峙坐如龍蹲手握天文足覆度字
望之如仆就之如昇視營四海躬履謙讓身長九尺
六寸腰大十圍胸有文曰制作定世守）見於家語

如來具三十二相八十種好。（註曰、如來三十二好
相一相種百福其相卽表法身足安平如輪輻十指
纖長手足柔軟四肢縵網足跟滿足趺高起腨一
股肉」如鹿王手過膝馬陰藏身縱廣毛孔生青色
毫毛向上靡身色如金石身光週一丈皮膚細膩七
處平滿兩腋平滿身如獅子身端直肩圓滿齒生四
十白淨齊密牙最白頰車如獅津液多味如甘露
廣長舌梵音深遠眼色如金精睫毛如牛王眉間生
白毫頂肉高如髻）載諸貝葉原文自屬信而有徵

要知相術前賢用以指人趨吉避凶者也。
如有瑕隙陷者。點破暗昧使之修省歸正有困頓無
策。計不欲生者示其後祿使之免生見有應遭刑
戮相者。勸其戒性從善可免惡難有現兇惡煞紋者。

指點其安分避災有現陰德氣色者預獎其天爵而
修福有沈湎酒色而近於死者指示其修本固原以
延年益壽由是以言相術實爲有功世道之見惜乎
前賢著述之相書流傳日久自元迄明眞傳口訣已
失泰半彞之翻版刊印魯魚亥豕舛誤百出部位刊
錯則差以毫厘謬以千里所以談相者盛行相得準
確者無幾也此非後學之資質愚魯與不下苦功研
究者由於無善本相書爲之導師耳予素喜測覽相
人書當世所公認之四大名著一曰麻衣相法（麻
衣爲希夷之師希夷爲五代時人陳摶之賜號麻衣
於華山石室中劃爐灰以授其相術故有石室神異
賦一篇確爲麻衣眞傳惜乎工詞藻而少實用至於
麻衣神相編大牛搜集他人著作合併而成非盡麻
衣眞傳祕決也）二曰柳莊相法（按柳莊爲明代
袁忠復之別號乃是明初之名相家專與王侯將相
往來故有永樂百問論理雖精與普通人不甚合用
）三曰神相鐵關刀（是書爲江右大安山華陽寺

僧別號雲谷山人所著初本不知相得異人授以洩
天機一書潛窺半載始通相人法逐挾術遍游四方
易名鐵關刀爲人談相前後不爽毫厘八咸稱之曰
神相鐵關刀卽以之爲著述之題名）四曰水鏡集
（爲淸初海昌范歸號文元者所著並非術士喜觀
相人書以孝義聞於鄉不幸以明史案被累入獄當
道憐其孝行未加株連出獄後力行善事廣積陰功
覺獲多壽多男之福特著水鏡集以行世）立論各
有所長亦多相同處予應中央書店之請編輯是書
選擇四大名著之精華冶爲一爐正其刊誤聊供世
之同好者之借鑑耳
　　△△江湖四相
古時相法並無派別執此業者。大抵屬飽學貧士飢
寒驅人逐挾相術以資餬口其術較精降至近世流
爲江湖末技切口謂之斬盤操此業者都屬略通文
義之失業游民購一種相法書翻閱若干日記憶力
强而讀書稍多者自可全部了解記憶力弱而讀書

不多者祇能了解全書十之二三。於是相者途有派
別之分其別有四卽挂張搶巾摸骨量手是也此四
者爲時下風行之相法就上海而論已覺市區隙地
間觸目皆是因其學習容易設備簡單於是是則是
效比較算命卜易多出幾倍矣雖則其術不精却爲
江湖上一種謀生之捷徑用是分論如下

一挂張相　挂張者何卽於門前牆角懸挂一幅方
面大耳之半身畫像也畫法隨時代而變易以前用
紅頂花領現在都畫大禮服或是西裝此種相面居
四者之首排場之闊狹視其人手頭之有無而定上
者僦居爵祿東方飯店中專爲過往官商看相相
金起碼兩元元多至十元二十元中爲者寄居中等旅
館門口揭示某某貴人之照片或畫像附加說明此
爲挂張之別開生面者相金以一元爲最普通下爲
者戎租廟宇一席地租金按日計算或於行人往來
最多之地懸一布幅畫像於牆陰屋角間相金少至
四角多至六角此三者之本領大有高下之分賃居

大飯店之上等挂張相面必要有眞實本領對於廂
衣柳莊水鏡鐵關刀等相書中之歌賦秘訣須要熟
讀牢記還須精通江湖術語此所謂拏人法所以寄
居大飯店大旅社專爲找尋過往之達官巨賈偶然
相遇先與之作寒暄延入房間中坐定觀其面相卽
用一二江湖術語得要準確此非有眞
本領不可達官巨賈被其一言道着癢處勢必追問
究竟於是生意成功雖則旅費較大一日苟有二三
人看相卽能糊口矣中等挂張相面半賴眞本領半
賴江湖術語下等挂張相面全憑江湖術語見人經
過卽笑語之曰尊駕土星生得如此隆厚早該大發
其財惜乎面上氣色不甚好看只怕福未至而禍先
來過路人聞此數語若然止步接談生意必定成功
只怕置若罔聞

二搶巾相　此種相面全無眞實本領每當下午四
五點鐘擇鬧中取靜之市街寬闊處兀立其間挂張
有用有不用見有商人走過出其不意搶取其人手

中之白絲巾故曰搶巾相待人伸手向之索遠卽執
其手爲之看手相一面還其巾一面連說看手分文
不取幷用江湖訣道着其癢處待其人出言詢問交
易成功於是憑三寸不爛之舌說得天花亂墜引動
旁觀者伸出手來請其觀看則生意接續而來

三摸骨相　此三字乃江湖術士異想天開獨樹一
幟自稱摸骨神相實則毫無眞本領並且不通文義
名目迎合人之好奇心按其實祇有十五句口訣根
據神相鐵關刀中之相骨秘訣而來甚至有不識字
不能熟讀麻衣相法等書爲飢寒所迫不得已巧立
者亦賴此以騙錢餬口可笑亦可憐也江湖相術中
最易學習者惟有此法茲將摸骨相口訣錄左此係
江湖相法準不準不知也

玉枕骨（卽腦後骨諸家相法中都有之）高正
者。主富貴雙全。陷者主貧賤。　頭壳頭兩邊凸
出者主聰明富厚。　鼻梁如竹節者剋子低塌者
夫婦不睦。　額骨高聳者男主掌權女主剋夫平

塌者心無主宰。顴骨斜出謂之腦後見腮主待人
刻薄無情喉骨圓而小夭百歲安開尖而大者一
生勞碌。　耳輪脆骨呆板者聰明多智活動者生
性狂傲。　頸骨下連胸肋骨平鋪而不凹凸者一
生安樂。　臀骨高起者富貴悠久低陷者終身貧
賤。　指骨纖長主聰明粗短主愚鈍。臂骨粗者
力強細者力弱。　脚骨薄者主勞碌厚者主安逸

四量手相　手相相法書中論及者夥矣如麻衣集
中相手重掌紋水鏡集中論手分八卦五行彙及掌
紋而以手之長短分貧富貴賤者祇有當世一知半
解之江湖相士羡其名曰量手相効其實際與摸骨
相彷彿毫無相人學問祇憑幾句江湖訣以自欺欺
人耳操此業者方外居多全無排場設備兀立於鬧
中取靜之牆陰屋角間指帶小銅尺一根長約二尺
許之粗絲線一根布軸一幅畫二三十只手形定一
上懸挂牆上傍拈幾紙相手訣單量手指長短定一
生之榮辱掌紋面相都置之不問實因不識部位紋

理○好熟視無睹。相法安有如此容易在若輩亦有
量手書為證並非刻本係向師父或同道中抄寫而
來憑無價值之杜撰死書判斷大同小異之活手猶
不細看指掌紋而能一量長短可知其人之貧富貴
賤天下甯有是理祇因其法簡單即目不識丁之無
業游民亦可學習可稱為最簡捷之江湖相法故將
量手相口訣八條照錄如下

量手法分男女右祇憑一手五指之長短分貧
賤本來手指長短兩手相同無煩兩手皆量
五指長九寸三分主位至公侯富堪敵國　九寸
二分主作富家翁堪與鄧通和嶠媲美　九寸一
分主小康而有聲於社會　九寸零主享妻財子
祿　八寸九分主衣食無虧財來財去僅足溫飽
　八寸八分寄人籬下得免窮困　八寸七分奔
波勞碌時虞窘迫　八寸六分生性愚笨常處逆
境　八寸五分以下。劣多優少貧賤者多不免當
面直言例用江湖訣亂談幾句此種相法祇可騙

相法祕傳　第一章　相法總論

五

下愚不可欺中資上流社會中人見之都嗤之以
鼻若輩亦不敢視作主顧也予照錄摸骨量手兩
口訣並非供人學習聊資參攷而已。
△相圖舉要

二一

圖位部氣運年流

圖渡四繼五曜六星五

相法秘傳 第一章 相法總論

十二宮分圖

十三聖部總圖

七

相法祕傳　第一章　相法總論

圖位才面男

圖法面男

八

一四

相
法
秘
傳
　
第
一
章
　
相
法
總
論

九

第二章　相術歌訣

△五形定局訣△

觀相之法先辨面上部位及星曜嶽瀆六府三才三
停十二宮全在面部有圖可按容易辨別惟形格定
局變化無窮且爲相法之樞要所以名相家看相先
審形格凡相有肥瘦先後之不同難作形格之佐證
惟有掌定在先天自少至老不能移易是故求形必
先求掌乃爲其種子若懸肥瘦定人形格差之遠矣
況金木水火土五行之體俱有肥瘦如金形若石石
有大小輕重之分木形若樹樹有清秀凝濁之別火
有太陽燈燭之分水有江海池沼之別土有山岡邱
阜之殊此爲成形之相俏不能以肥瘦作佐證無氣
格者更不足道矣惟有相掌定五形格局無錯誤
此法麻衣柳莊皆忽略視之惟有雲谷山人（即鐵
關刀）論之甚詳茲錄其歌訣如下

一木形掌瘦指長紋多　　如面色紅是帶火額高面
鼻俱長者。是木火通明之格。如面色白形帶小
方而頭圓者是帶金如面黑唇紅紋深而毛光黑
者是帶水　　如掌厚身肥頭平鼻豐而面青黃者
是帶土

訣曰掌瘦指長頸又長鼻身瘦腰略窄眉疏鬚
疏髮亦疏聲音清脆方合格行動飄逸身仍定耳
白唇紅額又高兩眼有神分黑白便是木形富貴
人

二、土形掌方厚指方短八卦現　　如頭平地角方鼻
大身胖肉實不露筋骨是土之正格　　如面紅頭
尖是帶火面尖瘦是帶水面圓色白是帶金面上
朧暈色黑是帶水

訣曰頭平頂正鼻頭豐地閣朝元方正宗枕骨平
橫面黃赤背腰平厚腹垂洪頭短掌方足背厚聲
沈耳厚髮眉濃眼長顴起面田字五岳相朝富貴

相法祕傳　第二章　相術歌訣

三、金形掌圓厚色澤潤指節圓。如頭圓面微方而
色白者正格也面色紅是帶火面黑是帶水面黃
是帶土面瘦青是帶木。
訣曰頭面皆圓耳色白齒白唇紅身不黑骨肉調
勻鬚髮疎腹圓背厚聲清亮掌平方厚額骨高胸
平有肉肥合格行動身體不輕浮便是金形眞貴
格。

四、火形掌瘦指尖露筋骨掌疎　如面赤髮焦眼赤
全火也面青帶水頭骨太重而面圓是帶金面方
厚色黃是帶土
訣曰頭尖肉紅性又急髮焦鬚黃鼻露骨額尖骨
露眼睛紅眉上火毛胸帶突掌尖而薄且露筋行
動身搖耳尖拂聲音微破額孤高唇超露齒火形

五、水形掌肉浮脹軟滑不露節微露筋指短而圓
實。
如面浮脹身肉浮胖色黑而眼露者正格也如面

紅是帶火面白是帶金面黃是帶土面瘦小多鬚
髮是帶木
訣曰肉多浮腫腹低垂眉濁髮濃濁眼神露帶痰
滯音不響唇厚口大臀多骨頸多皺肉行難穩指
短肉多掌形闊此是水形成格局細察神強富貴

以上祇言五形成格局。至於貧富貴賤不在此例。

△附掌圖

△看掌祕訣

八卦宜滿明堂宜深掌紋宜秀掌色宜鮮寶主宜配
指節宜藏指肉宜明嫩掌面宜有肉掌背宜厚不露
筋骨掌紋深秀成字成印成令皆主貴紋溢掌背主
破耗紋冲四指主功名紋冲坤位主好色紋亂巽位
主破財麻衣相法中所載七十二種掌紋實非麻衣
眞傳穿鑿者居多（參看手足相法）此訣當與掌
圖同看圖中所注開門紅潤出入近貴用兵吉生門
休門亦然傷門青暗必有刑剋景門青暗出入必防

掌中八卦有生黑塵在卦位者不利

○災盜驚門青暗。主大驚嚇。杜門青暗不利出行。主大
○破財死門青暗。主死亡
▲十二宮分論（參看十二宮分位圖見第
一章）

掌闕圖

一、命宮　在兩眉之間山根之上。光明如鏡。學問通
達山根平滿主福壽土星高聳豐富厚眼目分明
富貴雙全額如川字命逢驛馬大顯官星凹陷必
定貧寒眉接交加成下賤紋亂離鄉又剋妻額窄

眉枯窮苦相。

訣曰眉眼中間是命宮光明瑩淨學問通若還紋

亂多蹇滯破盡家財辱祖宗

二、財帛宮　鼻乃財星位居土宿截筒懸膽千倉萬
箱聳直豐隆一生富貴中止不偏福祿永鷹嘴尖
峯貧賤終鼻孔仰天主家無宿糧廚灶空必然室
如懸磐
訣曰鼻主財星高且隆兩邊廚灶莫教空孔仰家
無財與帛地閣相朝倉穀豐

一、兄弟宮　位居兩眉星名羅計左眉屬羅右眉屬
計眉長過目三四兄弟無刑眉秀而清弟兄必有
發貴形如新月永遠超羣短粗而環雁行必然疎
別眉毛兩樣手足定須異母交連黃濁身喪他鄉
頭高眉低同氣不睦
訣曰眉為兄弟軟清長手足生成四五強兩角不
齊須異母交連黃濁喪他鄉

四、田宅宮　位居兩眼最忌赤脈侵睛初年破盡家

圓明陽失陷到老無糧眼如點漆終身產業榮昌
鳳目高眉罷稅三州五縣黃暗神露財散家
訣曰眼為田宅主其宮清秀分明一樣同若是陰
陽枯更露父母家產盡空

五、男女宮　位居兩眼下男左女右名曰淚堂三陽
平滿兒孫福祿榮昌隱隱臥蠶子媳還須清貴淚
堂深陷子女無綠黑痣斜紋不得男女送老更兼
口若吹火獨坐閨房（言女相剋夫）人中平滿難
得子息
訣曰男女三陽起臥蠶瑩然光彩好兒孫懸針理
亂來侵位宿孽半生了不清

六、奴僕宮　位居地閣重接水星蘋圓豐滿侍者成
羣輔弼星朝一呼百諾口如四字主呼聚喝散之
權倉虛偏斜施恩反成怨恨紋成敗陷奴僕不周
訣曰奴僕還須地閣豐水星兩角不相容若還三
處都無應傾陷紋痕奴僕空

七、妻妾宮　位居魚尾名曰奸門光潤無紋必保妻

全四德豐隆平滿娶妻財帛盈箱。額骨侵天因妻
得祿奸門深陷常作新郎。魚尾紋多妻防惡死奸
門黯黲常要生離黑痣斜紋外情好而心多淫慾。
訣曰奸門光澤保妻宮財帛盈箱有始終若是奸
門生黯黲斜紋暗滯子偏生

九、疾厄宮　位居山根年壽之間山根光潤常無病。
若然昏暗定主災病連綿。
訣曰山根疾厄起平平一世無災禍不生若值紋
痕幷枯骨平生辛苦却難成。

九、遷移宮　位居眉尾名曰天倉隆滿豐盈華彩安
樂無憂魚尾位平到老得人欽羨光騰驛馬主游
宦四方額角低陷到老住場難覓眉連交接破盡
祖業天地偏斜十居九變生相如此必須移門改
基。
訣曰遷移宮位在天倉低陷平生少住場魚尾本
年來相應定然游宦姓名揚。

十、官祿宮　位居中正上合離宮伏庫貫頂一生不
到訟庭驛馬朝身官司不擾光瑩明顯達
超羣額角堂堂犯着官司貴解紋痕陷破常招橫
禍眼如赤鯉決犯徒刑。
訣曰官祿榮宮仔細詳山根倉庫要相當若然瑩
淨無痕點定主官榮福祿長。

十一、福德宮　位居天倉峯連地閣五星朝拱平生
福祿雙全天地相朝。(天地天倉地閣也)德行
全備五福額圓額窄須知苦在少年額潤頦尖迍
否應乎晚景眉高耳聳還可榮身眉壓耳掀休言
福澤。
訣曰福德天倉地閣圓五星光照福綿延若然缺
陷幷尖破衣食平生缺不全。

十二、相貌宮　此係相貌總論先觀五嶽次察三停
倘五嶽朝歸三停平等永保平生顯達官祿榮遷
行坐威嚴為人尊重若五嶽歪斜三停不均一世
貧苦。主初限鼻主中限水星地閣主末限若有
剋陷斷為凶惡。

訣曰相貌須看上下停三停平等貴相生若是一
處無勻配好惡中間有變更

▲▲十二宮總訣

父母宮論日月角須要高圓明淨。主父母長壽康甯。
低陷則幼失雙親暗昧主父母有病左角偏妨父右
角偏妨母。或則隨母嫁父出祖成家災異重重惟假
養方免刑傷又重羅疊計父母重拜或則父亂母淫
且妨父母頭側額窄定是庶出左眉高右眉低主父在
母先亡。左眉下父亡母改嫁額削眉變椿宣
早萎兩角入頂父母雙榮且得祖蔭氣色青主父母
憂疑且有口舌刑傷紅黃色主父母多福壽黑白色
父母雙亡。

▲▲十三部位總訣

十三部位者乃一百二十部位之總關額之上五部。
乃天中天庭司空中正印堂之位照應邊地驛馬山
林郊外巷路之位以定貴賤鼻之中四部乃山根年
上壽上準頭之位照應天倉金匱甲匱園倉之位以

相法祕傳 第二章 相術歌訣

定貴賤額之下四部乃人中海口承漿地閣之位吊
勤細廚井部家庫莊田波池之位以定貴賤總之十
三部位形須豐滿色須瑩淨又須有情朝拱者吉低
陷青暗者凶

▲▲五嶽四瀆總訣

【五嶽】額為南嶽衡山鼻為中嶽嵩山在額為東
嶽泰山右額為西嶽華山頦為北嶽恆山　斷曰
五嶽取中嶽為最聳須要高而隆得東西二嶽
相朝應為吉不高不隆則無勢壽限必短而且中
嶽陷而失勢則四嶽無主縱有好處亦無威權矣
中嶽尖薄中年破敗東西二嶽傾側無勢亦主中
年破敗南嶽要廣平高闊少年有成如傾側不宜
早當家北嶽豐隆晚年富足尖削缺陷到老無
成故云五山朝拱福自天來

【四瀆】耳為江目為河口為淮鼻為濟。斷曰四
瀆取深藏清潔形勢合格定然財穀豐盈縱有五
嶽高峻無水不秀如耳為江瀆竅要關而深有重

一五

二一

城之副潔淨主聰明肉厚色白主得妻財目爲河
瀆取深長黑白分明主聰明富貴淺露圓凸昏濁
者、貧窮無壽口爲淮瀆唇吻取方闊覆載上薄則
不覆下薄則不載無晚福而少壽鼻爲濟瀆取豐
隆光潤圓正有收不破不露主家有積蓄故云四
水莫教淺五六主兇災

▲五星六曜總訣

【五星】訣曰、左耳金星須要白○官位終必獲右耳
木星須要朝五福並相繞口爲水星須要紅貴顯
作三公額爲火星須得方必定有金章鼻爲土星
須要厚長壽身健康　金木二星屬兩耳貴任輪
廓分明紅白色瑩潔大小門闊生得端正忌尖薄
而小高過於眉者主大貴者得金木二星照命發
福必早反側窄陷者主破財無學識水星是口爲
內學堂須要唇紅方闊人中深長口齒端正潔白
主有文章爲官食祿若唇掀齒齙口角尖必然貧
賤火星是額生得豐滿廣闊髮際高者主有祿位

尖陋多紋理者功名無分兄弟無情。損妻破財土
星是鼻準頭豐滿兩孔不露年上平滿端正
不偏至額其入土星入命必然福祿壽俱全如尖
露不正低陷定主貧寒

【六曜】左眼太陽星光明福祿強右眼太陰星漆
黑有官職左眉羅睺星長者食天祿右眉計都星
齊者多子息山根月孛星直者足衣食印堂紫燕
星圓者有官職　太陽太陰二星要黑白分明長
細入鬢主大貴黑多白少神光弈弈作事順骨
肉俱貴黑少白多或作黃赤色者損父母刑妻兒
破田宅多災多夭壽月孛星是山根從印堂直下宜
高而光明主貴如文冲破陷正當月孛照命刑妻
剋子破財多災羅計二星是兩眉粗黑有彩眉連
鼻貴主豐衣重祿子息蔭貴兩眉相連橫入命宮
爲人量淺無志骨肉多災

【六府】▲六府三才三停總訣

天倉爲上二府額部爲中二府顴位爲下

二府六府喜充實相輔忌支離孤露靈台祕訣云
上二府自輔角至天倉中二府自命門至鹿耳下
二府自肩骨至地閣俱要充實無缺陷者主財旺
天倉峻起多財祿地閣方厚萬頃田

【三才】三才者額爲天欲闊而圓名曰有天者貴
鼻爲人欲正而齊名曰有人者壽頦爲地欲方而
闊名曰有地者富

【三停】髮際至印堂爲上停初主自山根至準頭
爲中停中主自人中至地閣爲下停末主此爲面
上三停三停平等富貴榮顯三停不均孤天貧賤
訣曰面上三停仔細看額高須得耳明寬學堂三
部未能足空有文章終不官

◬四學堂八學堂總訣

【四學堂】一眼爲官學堂要眼波長而清秀黑白
分明故又名官星并稱明秀學堂主文章聲譽而
貴顯二印上爲祿學堂乃天爵之位訣曰額闊頂
平中正滿有官有祿早年成三當門兩齒爲內學

堂又名祿食學堂要周正而密瑩潔如玉主忠信
孝敬多祿食疎缺而小者狂妄不吉四兩耳爲外
學堂又稱聞名學堂乃金馬玉堂之位須得紅潤
色白於面圓厚如巽桃者定主爵祿豐厚富貴非
常

【八學堂】第一頭爲高明部學堂主要頭圓或
有異骨昂起第二額爲高廣部學堂主福在兩角
須額角明潤骨起方第三印堂爲廣大部學堂問
官在印須平明無傷痕第四眼爲明秀部學堂問
貴在目要黑多有彩神隱藏第五耳爲聰明部學
堂學問名在耳要有輪廓而白淨紅潤第六口唇爲
忠信部學堂問祿在口要牙齊周密白如霜第七
舌爲廣德部學堂問德在舌要舌長至準紅紋長
第八眉爲班笋部學堂主壽要細長而秀
以上各訣立論顏多重複但諸家相法都是如此
本書採取各家相法之精華殊難避免重複之嫌

第三章　面部相法

△相頭　(并頭骨)

頭為六陽之首居百骸之主受五行之資為萬物之最靈者也范文元曰頭象天足象地眼象日月聲音象雷霆血脈象江河骨格象金石鼻象山嶽鬚眉象草木此為相法之大概語云萬事須從頭說起相法亦然故先論頭相頭短者欲圓頭長者欲方頭骨取豐而起頭皮取厚而潤兩角頭起為卿相天庭平滿定家豐太陽穴有骨名曰扶桑骨耳後有骨曰壽骨高怪者多壽低陷者貧天老祖云頂圓額又方定主富貴早功名

頂半窩仙聖品腦後連山富貴流頭小顋長貧天相蛇頭屈曲食糠粃頂骨連鼻方頂小顋長貧天相蛇頭屈曲食糠粃頂骨連鼻

終拜相脊骨連枕　(玉枕骨在腦後)武封侯頭偏額窄難言壽頭尖顋細苦憂憂虎頭燕頷封侯相方頭圓頭後福　按骨乃精成肉係血就凡屬胎元都由精神氣血而成得正氣則其骨秀而氣清得邪氣

而成者其骨粗而氣濁所以名相家論人貴賤先辨人骨氣骨勝而少肉勝而少骨者為虛而肉勝而少骨者為弱　(封驗也)苟頭有奇骨無一生福壽惟頭骨可封　(封驗也)苟頭有奇骨無奇神相應亦無大成苟五嶽四瀆不合格亦難發福故論一身貴相在乎頭骨按頭部共有七十二骨額有八骨伏犀骨日月骨邊地骨福堂骨龍角骨虎頭骨印綬骨金城骨是也天庭骨要隆起枕骨要連骨印綬骨金城骨是也天庭骨要隆起枕骨要連起頂骨要平日月骨要角起太陽骨要眉骨要插有稜起鼻骨要伏起懸鼓骨要連準方起額骨要起如高聳入鬢名驛馬骨玉樓骨　(在兩耳之上)要豎起以上諸骨皆主大貴或則富貴雙全凡八五官不正而得安富尊榮者可以頭骨鎮之總之頭無惡骨生來合格得勢者非富即貴如頭頂骨圓正平起者主賢天庭骨方闊豎起者主貴日月骨角起者主聰明金城骨　(在日角之左月角之右)直起者

位至三公天性骨從天庭貫頂名伏犀骨直起者位
至公卿惟須色相稱方貴額骨插起者主威權如相
連入耳名玉梁骨主長壽枕骨隱起者主貴壽眉隨
骨起帶威勢者定是英俊顴骨朝起而顴清詑硬者
主晚年變貴頂骨尖起而天庭骨聳出者主剋日
月骨陷陷露者刑腦骨插露者刑算骨橫出者惡兩倉
骨陷出者貧眉骨露而無眉無肉者刑妻剋子骨軟
者多福骨橫者凶刑骨俗者愚骨圓者福骨上有筋
而毛粗者貧窮骨肉平和者俊秀不獨頭骨爲然身
骨亦若是也

▲相面

面爲儀表列百部之靈居通五臟之神路推三才之
成象定一生之得失者也論相以面部爲總樞故相
士俗稱相面先生至於面相五嶽四瀆須得相朝三
停六府須得豐勻貌端神靜氣和色瑩者富貴之基
欹斜傾陷色澤昏翳形貌醜惡者貧賤之兆是以面
色白如凝脂黑如點漆黃如蒸栗紫如絳繒者皆主

富貴面色赤暴如火者命短卒亡毛色茸茸昏濁枯
燥面部如蒙塵垢者貧窮夭壽色怒變青藍者陰譎
毒害之人面作三拳者男主剋子而貧女主剋夫而
賤面如滿月神彩射人者謂之朝霞面男主公卿女
主夫人面皮厚者性和而孝面皮薄者性敏而貧
方耳大位至卿相面田背駝財聚千箱面反無勢貧
少幫助面重城萬人飯依面大鼻小辛苦到老面
大鼻尖晚年刑傷額插天倉威震邊疆面皮繃鼓面
是窮胎面肉浮起面皮繃鼓面薄無腮必壽亡面
腫鼻扁多爲奴卒身肥面疲者命長性緩身瘦肥
者命短性急面無人色爲人寡合面多雀斑面
難　訣曰天庭欲起司空平中正廣闊印堂明山根
不斷年壽關進頭齊圓人中正口如四字承漿闊地
閣朝歸倉庫應山林圓潤驛馬豐日月高分邊地靜
陰陽肉多魚尾長正面額骨有神志關台平滿法令
正金匱海角色微黃三陰三陽不姑息龍藏虎伏恰
相當五嶽四瀆無剋破使是人間有福郎

▲相耳

左耳為金○右耳為木○不論耳之大小取輪郭分明垂
珠貼肉色鮮紅潤○耳門闊大厚而堅聳而長者貴而
名壽所忌耳尖皮薄黑乾焦輪飛廓反必然貧窮
凶天耳白過於面名楊四海○厚大垂肩必然發貴耳
暗運塞耳低運遲色瑩如玉耳夾天庭早得功名耳
照額鼻中運豐隆耳尖似火紅更兼準紅鬚密
焦離家破祖耳若窄小定主愚頑耳門薄小夭壽少
者終防阨祿惟廓作桃紅色者生性玲瓏耳黑枯
命必長耳內生毛亦主長壽男子左耳缺先死父右
耳缺先死母婦女左耳厚先生男右耳厚先生女兩
耳一大一小曾食二母之乳總之相耳必須參合宮
部以定終身不可專憑兩耳星辰評斷也○

▲相眼

兩眼為太陽太陰二星左為日右為月父母之泉也○
須黑白分明睛光朗照星辰俱順主富貴多男眼長
深而光朗者大貴細而深者長壽黑如點漆者主聰
明○如白多黑少黃赤侵睛或陰陽反背或黑白混雜
定主破財刑妻剋子故眼神取清淨光明為福壽管
暗流露者主貧夭大而凸圓者促壽凸暴流露者淫
盜赤縷貫睛者惡死視定不怯者神壯羊眼者孤狠
短小者愚賤眼下有臥蠶者主生貴子婦人或
黑白分明者貌重起眼下赤色者產厄偷視者淫蕩神
庭不流者福全所以老祖論眼最防流麗情浮赤縷
大抵視不宜偏神不宜困眩不宜反光不宜流其或
圓而暴短而深者不善之相也○兩眼之間名子孫宮
欲豐滿不失陷訣曰眼秀而長必近君王眼似鯽魚
必定家肥眼若龍蜻而光亮者食祿千鍾眼看蜂狼
而睛露青浮者惡死奸刑眼看鳳鴻而細長者清高
貴顯見着蛇鼠而睛赤珠露者奸盜惡死眼若曉星
四海閒名眼大昏沈貧而夭死目烈有威萬人叭依
眼色通黃聰明鄙吝眼若臥弓作事奸雄眼形三角
生性貪惡龍睛鳳目忠孝全名蛇眼鷄睛忤逆絕頂

浮光太露惡死無疑眼繾帶花多作少成日光如電。
主貴顯目尾插天掌刑名目短偏生愚笨目廣方
長聲名震眼泛睛浮貧窮天壽眼露四白刑險遭兵
鷹目高視心奸惡毒鼠目偷視貪淫作賊鷄眼鴿睛
散走他鄉火氣侵眸官事重重目赤睛黃橫禍不小
訣曰眼如日月要分明鳳目龍睛切要清最怕睛黃
黦目赤一生凶害壽難長　浮大羊睛必主凶身孤
無着貨財空細深皆是無心腹斜視之人不可逢眼
長一寸封侯相龍鳳眼配得真鷄睛鼠目總是賊
黑白分明信義人　左眼小者怕老婆魚目難免兵
刑死大小不同何所招兄弟生時異父母（三十五
歲至四十行眼運）

△△相眉

眉者楣也。爲兩目之華蓋。且係目之精華。麻衣相法
中相眉分二十四樣立論最詳泰半穿鑿而來故眉
樣從略不論妾知左眉爲羅睺右眉爲計都最忌帶
煞可別賢愚眉主早成三十一歲至三十四行眉

二一

運取濃中細發疎內不斷短有神氣長有起伏細潤
光彩者爲秀媚如間斷逆流浮暗枯索粗硬散禿壓
眼低垂者爲最下乘眉生如角快樂無窮眉壓印堂
多憂常慮眉欲疎而秀高而闊直而長者主聰明俊
秀粗濃逆亂短蹙者主性兇頑眉長過眼者富貴
短不覆眼者乏財壓眼者窮困過昂者氣剛眉尾垂
秀起者懦而滯眉顯交加者妨兄弟逆生者不良眉
稜起者凶惡眉高居額中而濃細有威者大貴訣曰
命宮交鎖難保壽濃如潑墨祿難通細緊輕長兄弟
五兩不齊異母高長入鬢爲卿相短不覆目定
孤窮眉濃髮厚多勞碌眼大還求羅計當稜高疎緊
情不斷少年成名兩眉插進日月角長壽高官粗短
緊蹙皆不美散亂稀少亦主凶

△△相額

額爲火星天庭天中司空之位俱在於額爲貴賤之
府其骨欲隆而起聳而潤五柱入頂貴爲天子其峻
如立壁其廣如覆肝明而潤方而長者貴壽之相也

左偏者損父。右偏者損母。訣曰。
額前聳起隆而厚。決
定為官爵祿昇。左右偏陷為賤相。少年父母主分離。
髮若封隆骨起。高能言性英豪。天倉左右豐而貴曰
月角起主官曹。中正骨起三千石。陷時兒女主懷惶。
女人此相須重嫁。男雖有祿退朝堂印堂潤澤骨起
高少年食祿掌功曹。仰月文星額上貴面圓光澤逞
英豪。

▲相印堂

印堂為一面之明堂。上應福堂武庫邊地之祿位下
拱金馬玉堂額耀之台星。故印堂闊天庭廣日月角
開眉目舒展兩額有印天庭高朗印堂平闊土星直
貫天中蘭台廷尉準頭朝拱可掌八方之印主定貴
顯印堂低陷額角尖塌眉骨交鎖腮短少鬢定主多
業多敗印堂側而山根斷魚尾低而食庫陷刑妻剋
子印堂寬而兩目秀長定應功名顯達印闊額開可
得呼聚喝散之權伏犀骨貫入印堂定為清貴之士
懸針紋川山破嶺遭刑犯法之徒天庭牆壁皆方印

堂圓滿早年發貴印堂最忌紋冲痣主一生刑傷
破敗無休印堂又為紫炁星一身氣色之聚處福堂
印堂準頭三光氣運明亮定主名利皆通要知吉凶
未至氣色先從印堂或發或退也

▲相鼻

鼻為中嶽其形屬土。故名土星關乎一生財運上為
山根中為年壽下為準頭蘭廷相輔相鼻當合諸部
並論山根不厭平滿高土星不厭平厚鼻柱左右二庫取
其高長端正主財帛豐盈鼻孔為庫之門戶取豐厚
收藏方有積聚其戶不宜尖薄準頭
掀露準頭尖曲為人好奸山根低陷先敗祖業準頭
掀露到老孤單年上光潤豐起者不貴則壽富
節薄點黑者不賤則天壽隆高有梁者主壽高而
直如截筒者主富貴堅而有骨者壽相多橫紋者主
車馬傷。鼻如縱理紋者養他八子鼻有三曲孤獨離家準
得美妻。鼻如鷹嘴取人腦髓鼻梁圓貫印堂者主
頭帶紅家破八窮準頭圓肥者足衣食垂肉者好漁

三三

色尖薄者孤貧鼻聳天庭四海聞名鼻梁無骨主天
壽沒骨露梁主客死鼻準尖斜心如勾。鼻梁不直欺
詐來。鼻孔出外誹謗凶鼻牛黑痣疾在陰裏鼻梁高
危兄弟寒微鼻如縮囊到老吉昌鼻如獅子聰明達
士鼻高而昂仕宦榮昌鼻上光瑩富貴全鼻頭短小
志氣少。鼻柱廣長必多伎倆鼻直而厚生子封侯鼻
有缺破孤獨貧苦東西兩嶽高輔準頭圓滿相應謂
之三星聚位主有財祿眉接鼻梁早年發達到老加
封四嶽低而反勢鼻梁獨高謂之孤峯獨聳主六親
無靠財帛難聚準頭黃亮主生財祿黑如濕灰敗家
喪命。

△附鼻形歌訣

龍鼻大貴百世流芳訣曰、龍鼻豐隆準上齊山根直

聳若伏犀鼻梁方正無偏曲位至三公福祿全

虎鼻大富擁資百萬訣曰、虎鼻圓融不露孔蘭台廷

尉亦須無不偏不曲山根大富貴名裒四海聞

牛鼻大富容物容人訣曰、牛鼻豐齊根且深蘭台廷

相法祕傳　第三章　面部相法

尉又分明年壽不高亦不遠家積金銀家道豐
猩鼻有義富貴好施訣曰、猩猩之相鼻梁高眉眼分
明粗髮毛面闊唇厚寬懷德重是英豪步
鹿鼻仁慈富貴好義訣曰、鹿鼻豐齊準更圓清寬步
急義仁全驚疑初起渾無定福祿增添得自然
伏犀鼻大貴班超英才訣曰、伏犀鼻插天庭中山根
直上印堂隆肉不多分骨不露神清官位至三公
懸胆鼻富貴福祿拱輔訣曰、鼻如懸胆準頭齊山根
不斷無偏倚蘭台廷尉模糊小富貴榮華壯期
蒜鼻頭主富結果增榮訣曰、山根年壽俱平小蘭台廷
尉準頭豐兄弟多助力中年晚景富更饒
盛囊鼻富貴中年榮耀訣曰、鼻如盛囊蘭廷小兩邊
廚灶亦圓鼻富貴財俱大。名　大薦功名必定挂朱衣
胡羊鼻富貴訣曰、胡羊鼻大準頭豐蘭台
廷尉亦相同山根年壽無吞露貴顯當時富石崇
獅鼻富貴全形達耀訣曰、山根年壽略低平準頭豐
大稱蘭廷若合獅形真富貴無邊福祿一齊來

三五

截角鼻富貴性直中和訣曰、功名富貴截筒佳準頭
齊直不偏斜山根略遠年壽滿中年富貴大成家
以上十二鼻形非富卽貴餘如準頭豐紅不露孔
者謂之猴鼻準頭尖如鷹嘴者謂之鷹嘴鼻
主險惡年壽骨聳蘭廷空者謂之狗鼻定作賊山
根細小準頭垂謂之鯽魚鼻鼻主貧賤鼻有三曲三
彎者謂之三曲鼻主孤鼻梁露脊如刀背者
謂之劍峯鼻主孤峯小準尖而露孔者謂之獐鼻
主薄義鼻瘦露脊山根小者謂之露脊鼻主貧賤
孔大鼻高而竅露者謂之露灶鼻主貧鼻頭無肉
灶門開者謂之孤峯鼻主孤獨年壽低壓山根小
者謂之偏凹鼻主貧夭

▲相口
口為大海容納百川上通五嶽下通周體且為言語
之門心之外戶故端正不妄言謂之口德誹謗多言
謂之口賊掀唇露齒洩元氣者主夭壽所以口欲厚
而寬唇欲端而正齒欲排而齊取深藏端方闊厚紅

潤為德。口大者取其有收小者取其紅方闊而不正
大而不收黑而不紅尖而不藏偏而斜小薄而下垂
者貧窮凶夭之相也口如四字錢財富足唇若塗朱
文章才俊口如牛唇必是寶臣口不見唇威鎮三軍
狗牙烏喙奸險多詐嘴弰唇多誹多謗低而角垂
常被人嫌口如吹火無粮孤獨縱紋入口(卽騰蛇
入口)餓死無疑口如鼠食讒毀嫉妒口如馬嘶飢
來無食口能容舉出將入相口如縮囊孤獨少粮唇
若噴血殷富多資龍唇鳳口不可為友形為劍交
情足義口寬否大富足田粮唇紅齒白老壞亨通唇
青艷枯壽命不長口生黑痣足食無憂

▲附口形歌訣
田字口出類拔萃主富貴訣曰口角光明唇兩齊兩
端略仰不低垂生性聰明才學廣富而且貴作公
卿
方形口食祿千鍾主貴顯訣曰方口齊唇不露牙唇
紅光潤似硃砂笑而不露齒齊白定然富貴享榮華

仰月口。祿在其中主富貴訣曰。如仰月上朝彎齒
白唇紅似抹丹滿腹文章聲價美必然富貴列朝班。
弓形口特達名揚主富貴訣曰口若彎弓半上弦兩
唇豐厚若丹鮮神清氣爽齒牙潔富貴中年福自然
牛口福壽攸遠主富貴訣曰牛口唇豐且帶平一生
衣祿主昌隆濁中帶清心靈巧富貴康寧壽若松。
龍口珠履簪纓主貴顯訣曰龍口兩唇豐且齊光明
口角更清呼聚散擁通變玉帶腰圍官職高。
虎口德威並濟主富厚訣曰虎口闊大有收拾須知
此口可容拳若不發貴定大富積玉堆金福自然
櫻桃口聰明絕頂主富貴訣曰櫻桃口尖唇胭脂齒
似榴子密且封笑若含蓮唇和暢聰明拔革紫衣穿
猴口慳而不吝多福壽訣曰猴口兩唇喜又長唇中
破竹更爲良平生衣祿皆榮足鶴算龜齡福壽康
以外更有豬口上唇長闊下唇尖主吹火口。
嘴尖形如吹火者主貧天皺紋口唇上皺紋似哭
聲者主孤鮎魚口梟薄雙唇又欠圓主貧賤鯽魚

口口小如鮒魚嘴者主貧天。覆船口口角渾如覆
破船主貧苦。

▲相人中

人中乃溝洫之象上通濟瀆下接淮水深則水流而
不壅淺則水滯而不流故人中深者富而多壽淺
而唇驕者主天壽端直者忠義之士屈曲者無信之
徒且焉人中關乎週身氣血相其長短可定人生之
壽天。(長者壽短者夭)
無。(廣者多子狹者無子)鬼眼經云雖論人中然
而上須辨土星之端與不端下須辨口之藏與不藏
次視地閣之豐與不豐法令之端不端鬚眉之
相應不相應若人中深長五官鬚眉皆破敗不相
應便爲長壽之貧漢耳所以相人中上下水欲其通
接四水欲其流通人中細狹者衣食足逼迫平滿者
迍邅災滯上狹下闊者多子孫上廣下狹者少子息
上下狹而中心闊者子女帶疾上下深闊者兒孫滿
堂正而垂者長壽褰而縮者天賤歪斜短蹙者貧天

縱紋一線者多損兒郎。細如懸針者絕子老貧。形如劈竹而仰者家世有貂裘之貴。形如瓜稜樣者定主貧而鰥寡孤獨。

△相唇

唇為君。齒為臣。唇為口之城郭。舌之門戶。一開一闔。關乎榮辱。故唇欲端厚而不尖薄。紅潤而不白黑。上下唇欲其覆載多紋理。上唇名曰金覆。下唇名曰金載。上下唇俱厚主忠信而有文名。上下唇俱薄喜妄言而性卑鄙。上唇厚而長主名。下唇薄而長主貧食。真龍唇主富貴。羊唇主貧賤。唇尖撮者窮死。唇下垂者孤寒。血綻無紋為人自滿不謙。有紋有子。無紋無子。尖兙似鳥喙者多非。唇如吹火子孫鄙。唇若綽薄少信義。色紅如丹砂光者小康足食。色白而豔者招貴妻。色帶紅黃者生貴子。昏黑者多病惡死。紫光者子塞縮者夭亡。薄弱者省賤。上唇長先妨父。下唇長先妨母。唇色杏紅不求自豐。唇如鷄肝久病少痊。紋理如木富貴榮華。唇平不起。

飢寒交併。唇缺而陷貧而下賤。唇長齒短壽不夭。唇合不正言無信。

△相齒

齒為骨之餘。可以卜富貴定壽考。宜正而大。多而長。白而淨。三美全備。富貴福壽可期。忌缺而少。短而疏。貧賤可慮。內管丹田之氣。缺少則破財而祿稀。外職壬癸之司。多密則榮祿而壽永。短黑斜飛者刑傷子嗣。白長正大者福祿雙全。疏少偏斜。多言無信端齊。縫密者言必真誠。結喉露齒必死他鄉。缺齒口垂。防凍餲。少年落齒多不壽。中年落齒多刻刑。中年復齒上添壽。晚年復齒更延年。白唇紅闊大朝元祿。者貧賤。齒長大堅實。男忠良而女貞節。淡疏尖小。男必厚。齒枯唇淡。斜歪緊縮。必是庸夫俗子。或密而女貪淫。或長厚或堅潔。必爲宰輔公卿。疊生一二。少主刑傷。或長厚或堅潔必剉。齒多者定主富貴壽考仍須辨。露出當門中年必剉。齒多者定主富貴壽考仍須辨色審刑。齒少者夭折貧寒尤貴揣神定相。

▲相舌

舌內與丹元爲號令外與重機爲鈐鐸所以善生露
液且爲神之含體心之舟楫一生得失與性命樞機
有所託也取方正端長鮮及紋秀者主富貴狹而
長者奸詐而短者運蹇大而薄者多謬尖而小
者多貪鄙引至鼻者大貴柳莊云舌長至準目若含
眞定主王侯宰相倘舌長至準目若白乾者便非美
器若使土星尖反爲冲破紅而方長咳唾成玉紅小
而長聰明多智鮮紅如錦出入朝貴舌利鋒刃祿養
萬鍾紋繞如花定然多子多榮三川紋足必食萬頃
之田有黑痣者得天祿有黑靨者主凶舌生粟粒者
榮遷舌出如蛇者毒害舌斷如拙者蹇滯末語而
先舐唇者多淫佚未語而舌先至者好妄談舌小而
短定是貧漢舌小而長仕宦吉昌舌黑有黶者主賤
舌紅如血者祿厚舌如濕灰者凶舌如紅蓮者主富
舌如靑蓮者主貴舌府夌紋貴氣凌雲舌無紋理尋
常之人

▲相額

額者權也與印相配額高印滿必有呼聚喝散之威
額陷無勢當權反覆額有關鎖低尖無關鎖衣食缺
破雙額插天兩目有威定掌大權萬人皈依額高額
破地閣朝拱中年享用到老額高頤削作事難明有
面無額爲人少力獨額無面中年歇業額起鼻高頤
又豐晚歲更多財額高鬢疎老見孤獨額高插天
目長印滿面起重城貴享八方之拱額高勢強倘目
大睛渾印陷眉低又爲文星失陷印綬無根非是貴
器額高鼻陷多成多敗鼻高額高拱主多幫助鬢清髮
秀必得貴八之力女人額高必奪夫權若高聳如峰
破殺三夫紫氣侵額主大吉黃氣繞額兄弟防厄
侵額主兄弟口舌白氣繞額

▲相法令

法令居上唇左右位於食倉祿倉之傍上能連接八
部三台之拱應下能帶令地閣仙庫之歸朝蘭廷分
明清楚爲貴兩傍爲根基長至地閣者爲壽帶主長

壽短而入口者爲螣蛇主餓死現在金縷（位居唇之左右）財食艱難只因漏槽侵破豐衣足食祇爲紋理圓長缺少米因法令冲破蘭廷帶令地閣朝天壽限綿長井灶空露暮年窮困法令現紫色喜無勑命現青黑色災病來侵酒舍橫紋絕斷祇恐凶酒亡身

▲相鬚

鬚爲晚境可定榮枯可分貴賤可辨刑冲宜潤宜軟宜索得此則福壽綿長子孫蕃衍忌硬忌枯忌密忌無犯此則運道困鈍作事顛倒鬚不過溝（入中無鬚也）多招訕謗鬚如困口必遭迍遭官鬚密困藪祿位可虞爲商者鬚疏潤澤財富自足水形宜困商高者鬚疏潤澤財富

（參看後章五行象說）鬚白不染病必遭木形鬚紅不染災立至金形面紅鬚白主官非破財金形面暗鬚黃主財傾病至拂左懼內之人開叉開歧運滯之聲上密蓋口運滯時蹇雙分燕尾晚景淒涼密號鬍連中年混沌帶焦黃者多血病若秀潤者主

身安面紅鬚赤因官非而破財鬚燥而灰凶火傷而破產鬚眉皆密帶黑子主水厄鬚田皆黃帶紅筋主火燹鬚嫩而清潤者官宦必亨庶人多福粗硬而不索者性情剛暴智識愚蒙過少無妨堅硬須明曰如鐵線過多而牽連鬟脚名曰連鬚宜拔之使少方孕迍遭如鎖喉縮頸定主晚景貧寒五縷清奇乃是人間貴相

▲相鬢

鬢乃一面之丰采可定人之賢愚其色取黑光紺清齊厚滋潤爲宜最忌黃疏與亂捲鬢深過命門爲人多賢德鬢重髮清可許清貴鬢淸眉彩早得功名疏鬢禿老見孤貧鬢重鬚術一生有福鬢輕鬚重娼優隸卒有權無祿諸事少力鬢髮粗濃勞苦終身鬢髮紺光欣然得祿

▲相髮

髮爲血之餘而人生之富貴貧賤吉凶禍福均可於髮驗之髮宜軟宜細宜疏宜香得此者主富貴福壽

忌硬忌粗忌長忌穢得此者則爲貧寒夭折婦人髮

長過身貧賤而不善終男人髮長過身貧賤而不安

逸髮短而硬男女多刑髮軟如絲夫妻恩愛髮黃者

男主貧賤女主貪淫髮焦者主貧寒老猶困屯孩童

髮秀性多頑男女髮低運多蹇髮卷髮亂運亦蹇髮

多血旺性貪淫剋命剛祇爲鬢髮乾燥鹵莽性暴

皆因髮如飛蓬髮濃且密者訟獄宜防髮幼而疏者

求謀必得髮中赤理不主兵戈定遭喉疹髮落太早

不妨壽短則財空髮際高弓運不蹇滯髮際低弓

運多困屯少年髮白多刑中年髮白謀食易（語

云未老先白頭、飯米不要愁）老年髮黑壽必長以

上爲雲谷山人之相髮論而范文園先生之論髮云

髮多不宜短髮少不宜長髮短者取青光細少爲貴

髮重者取黑長色潤爲貴肥人不宜髮少瘦人不宜

髮而髮多而氣臭者迍而貧賤髮際高者性

剛而孤獨髮際多者貧窮髮際高者性和而頂後髮高

其性僻毒故相書云耳邊無髮心懷毒刃侵眉亂額

多見災厄鬢髮粗疏財食無餘鬢髮乾燥憂愁至老

鬼眼相書云自古無濃髮宰相亦無禿髮健兒小孩

雙頂亦髮定主刑傷（剋父母也）老年髮潤鬚滋

福壽康健壯年髮白鬚焦言福祿老年鶴髮童顏

可卜期頤面焦髮枯額髮稀少多刑多苦髮色黃者

髮捲如螺必有刑傷髮生到耳須防餓死

名刑剋髮色赤者多災害髮色紺翠榮華至髮清如

絲官職高髮長而少老見孤窮髮長且亂必妨父母

第四章　身體相法

▲相頸

頸、即項也古相家祇有相喉。而無相頸之說。殊不知

頸號天柱上承元首下貫一身。仿彿大廈之樑棟焉。烏

可不相因選諸大家之相頸法。分列於下范文園先

生云頸上狀一首爲棟下據四體爲樑肥人頸欲短

瘦人頸欲長反此則不貧即夭若太長如鵝或太短

如豕。或大如櫻木。或小如酒器此皆不令之表也短

而方者主福祿細而長若主貧賤頸高然自立爲一

身之柱柱若傾欹虛幻之軀將死之徵也項有結喉

骨者多災。頸有鎖喉骨者凶亡。瘦有結喉者逖塞肥

有結喉者凶天頸後隆起者主富頸後有皮如縧者

多壽頸。斑而不潔者性鄙而滯頸蠹而斜曲者性

弱而貧頸勢前臨者性正多福圓粗如虎項者亦主載福

凶頸立端直者性和而吉頸勢僵後者性弱而

曲如蛇頸者毒而凶頸立相應而者主貴頸弱不勝

頭者天貧頸皮薄細現食者貧賤。

袁柳莊先生云男人瘦者項欲長肥者項欲短若瘦

人項短三十前後促壽肥人項長四九不能保身凡

項一忌結喉二忌浮動三忌露骨四忌動氣此四忌

俱爲貧賤之相瘦人結喉浪死守肥人結喉浪白

他州皮急肉肥又結喉平生辛苦走他州項圓皮厚

有重紋定是聰明俊秀人兩肩與背來濟遇管教大

屋生公卿頭圓項細難言壽項有重紋爲項條主大

壽不招災禍女頸以圓長爲妙　雲谷山人相論

云頸爲天柱宜分形局以宅短長以配肥瘦瘦人宜

長忌筋肥人宜短忌筋筋露者性暴喉露者性急

白多貴色黑多賤圓潤者富貴並享瘦削者貧賤可

虞項傾則壽絕項健則壽長。頸後無肉多貧賤頸有

餘皮定顯榮頭歪者謂之頸無力壽命難長頭正者

謂之頸有神福祿必永頭小頸大頭大頸小皆妨壽

三〇

結喉財必滯太長貧而壽斑雜者貧寒此爲相頸之準繩

▲相身總訣

身有三停長短各宜得配身有大小肥瘦亦貴相宜。自頸至臍爲上停自臍至膝爲中停自膝至足爲下停上停長主安逸下停長主奔勞木形身宜瘦長不露筋骨土形身宜莊重背厚腰圓金形身宜皮白肉潤火形身宜瘦硬露骨節水形身宜肥臕腫皮寬五形雖云宜白宜黃忌黑忌暗而水形木形身黑亦佳（參看第六章五行形色論）胸宜闊忌窄忌狹窄者量淺狹乳宜堂大珠多色黑色紅俱利主多貴子忌白忌塌忌破忌小忌毛多毛生一二三條名曰玉帶子貴而賢多毛則多生多剋心宜平滿忌坳陷忌尖突 尖突者名鷄胸主孤寒心毒）肚上宜坳陷主人謙和有福忌飽脹忌瀉若肚上飽脹則下無托主無結果肚上若瀉則腹下無托亦主無結果臍宜深宜攔主有佳子忌卸忌突犯則剋子腹下宜有帶有托主有子忌凹忌收主無子背宜厚宜豐富貴福壽並享忌陷忌骨陷則無壽露骨則勞苦多病腰宜平宜圓主富貴忌多忌折忌小折則無壽小則多淫腳宜骨肉調勻股宜長腳短配合膝宜圓而忌尖尖則犯刑趾宜短而忌太長宜短背忌露筋腳板忌無紋足宜光臂宜肥宜肉殺道宜有毛可聚財陽物宜小大則淫賤陰戶宜小大無子寬主淫陰毛宜少腎囊宜縮小便宜如撒珠腋宜香忌狐臭膊宜平此乃相身之大概更將全身各部分條詳論如下

▲相肩

肩欲平厚而背若負弓腰欲正直而支有坐磊左肩高於右白手成家右肩高於左家財大敗肩闊面方諸事亨通肩闊臂尖老無結果爲肩者騰達必速平滿者名播四方坍肩者百事無成肩寒者身無居止

▲相胸

胸藏萬斛之機爲神之宮庭宜乎博厚寬平而廣闊

心一堂術數珍本古籍叢刊　占筮類

廣闊者神藏而氣壯、淺狹者神露而難容。胸色潤澤
者智廣才高而有福。胸形偏凸側狹粗黑者量淺少
志而貧天。胸廣體瑩必做公侯。胸平闊厚錢財穩足
胸不均平難期有祿。皮薄無肉衣食不足胸狹而長。
求望難途胸高凸起貧賤壽天。鷄胸鴨背庸碌天年。
胸短於面者孤窮胸坑陷者勞碌胸有亮光必能成
家若龜毛粗而多者其性必暴。

▲相乳

乳據心胸之左右乳頭運血脈之精華觀顏色黑白
及大小可辨子孫之賢愚。故袁柳莊先生云乳爲後
裔根苗最宜黑大方圓堅硬凡乳不宜小無論金木
水土四形莫不皆然又宜皮土厚如皮簿者乳必薄。
皮實者乳必實乳頭朝上養子容易乳頭朝下養子
如泥乳頭圓硬者主子貴乳頭方硬者主子貴乳頭
破小者子息難招乳頭色白不起者難言子息婦乳
亦以黑大爲妙大者子少乳偏而色白者
子息稀乳若黑若堅而亮且美者子貴孫榮福壽高

范文園先生論乳欲其開而闊紅而黑大而正均主
富貴子賢狹而細白曲而下向者孤貧天相乳際狹
而胸窄者志愚見短乳頭大而黑者賢能多子乳頭
過小者懦弱而乏嗣乳頭曲者養兒乳頭仰者
子如金玉乳頭低者養兒如泥乳頭壯而方大者子
貴如珍乳頭白黃者有子少成乳頭紫如爛椹者衣食
貴孫賢乳頭實而有肉帛豐盈薄而無肉者衣食
不足乳頭生毛者多藏見解乳頭有黑痣必生貴子

▲相腰

腰乃腎命二穴爲一身根本范文園先生論腰云腰
者爲腹之山一身特其安危危者也。陳搏老祖云腰生
疊肉發財而延年腎命皮焦多病而促壽直硬端方
者福厚偏陷狹者福薄有背無腰初發而中年庸
碌有腰無背初困而晚運亨通腰背兩全福壽並永。
腰細臀高早貧後享肉厚無臀初享後貧黃蜂腰者
性鄙而邪蜥蜴腰者性寬而賤袁柳莊先生論腰云
胖人腰欲粗瘦人腰欲圓且硬兩腰眼爲腎命二穴云

宜皮厚有肉則壽長倘皮枯穴陷定主夭亡凡屬偏
細薄削之腰俱主貧夭婦女大者福厚細偏者少子
多

△相腹

腹為水穀之海一身之爐冶安藏萬物總括六府子
午中分晝夜十二時循環運化腹宜圓而長不但飲
食之名藏而且有寬容之德器腹皮欲潔而白腹肉
欲紅而潤勢若垂囊名震四方滿身羅紋若不大拜
定作神仙胸有秀骨必然大貴澤腹方臍必作公卿
腹大無毫空求名利腹貴垂而向下臍宜深而向上
腹有三壬名蓄黃金腹厚而堅家道豐腹小而薄肉
業空上尖下削窮苦難言臍凸而壽命夭折有腹
無臀少子息有臀無腹無財物一身毛硬刑傷骨肉

△相臍

臍為筋脈之源六府總領之關乃百谷之隘也范文
園先生論臍云臍深闊者智而有福臍淺狹者愚而
且貧低者多慮過高者無識量大可容李名播天下

小而尖凸貧窮夭壽臍生黑痣名曰含珠食祿萬鍾
臍欲其深寬闊大方正朝上者為貴不宜窄小凸露
尖曲下垂者為賤袁柳莊先生論臍腹並論云臍宜深
腹宜厚皮宜實骨宜正臍近上者多智近下者愚魯
深主福祿淺主貧窮臍生黑痣而腹垂下定作公卿臍
小而平勞苦下賤臍近上天然衣祿腹近上
臍朝下老主孤窮腹乃臍之外表宜大而忌臍小
臍居上智慧居下愚此理人間都不知凡婦人臍乃
生子之根乃生子之苗女身不論肥瘦凡臍深一
分得一子臍深半寸得五子臍貴方大小則子息難
期臍赤生子一玉帶臍黑生子一金帶臍內生毫生
子必秀腹皮寬大必有五子凡臍小腰偏腹小皮寬
或皮急子息難求縱有面相可取亦屬無子之婦

△相臂

臂至肘名為龍骨肘至腕名為虎骨龍宜長大於虎
虎不宜長過於龍雙手過膝蓋世英雄脚長臂短多
勞碌

△相背

背合陰陽二道宜詳其豐陷定其吉凶。欲厚忌薄。欲
長忌短平闊豐厚定卜終身安逸衰天綱曰背若伏
龜爲儒早發背厚腰圓威鎮九州前仰後俯不貴則
富胸凸背凹不窮則天圓厚如團富貴雙全窩深如
溝貧而且賤曲背直腰子孫不超背直胸闊富貴兩
足有背無胸晚年孤貧背脊成坑盧花女子背
圓必嫁秀士鰲背龜胸好色貧窮背如屏風必定封
妻蔭子袁柳莊先生云背欲高而胸欲平肩欲闊而
不欲聳背陷成坑胸露骨爲家無隔宿之糧而且促壽
水形土形背宜高木形背宜平胸背爲一身之主背
爲陰胸爲陽陽忌空陰忌露廣鑑集云背有三甲
（三甲乃甲字也）腹有三壬（三壬乃垂字皆指紋
痕而言）定然豐衣足食富貴榮華

△相臀

臀乃後成可見與廢少年無臀百事難成破祖離宗。
老來無臀妻亡子喪奔走風塵瘦人無臀多學少成。

一生困頓四九歸陰肥人無臀刷洗盆有妻無子。
孤獨貧困臀開腹大作事易成女子臀大反爲下賤。
若還尖翹父子不情體長無臀老無結果身短無臀
難期發達婦女腰小臀尖臍欠深定爲奴婢守孤窮
若再乳頭呈白色一生孤獨不須論

△相穀道

穀道宜兩臀夾而不露如十分顯露貧賤且天穀道
有毛者一生衣食無虧無毛主賤撒尿遲者好快者
貧細長者貴方主武職偏主文貴尿水壘帶富貴之
相屎尿不同出者貴同時排出者賤柳莊先生有詩
云穀道無毛老定貧少年露出必遭刑要知取用爲
奇妙細細深藏是貴人

△相下部

范文園先生論下部云穀道急而方者貴水道寬而
圓者賤大便細而方者貴小便如撒珠者非貴卽富
陰生黑痣及獨臀方剛者均主貴大便遲緩者多壽
且富速細者夭賤小便直如箭攢者主賤又曰陰頭

有痣八多貴穀道無毛一世貧柳莊先生云陰囊宜
黑紋宜細實爲貴不宜下墜囊如火煖者生貴子冷
如冰塊者生子少玉莖陰囊爲性命之根本皇帝謂
之玉莖常人稱曰龜頭凡龜頭宜小白而堅者爲貴
長大黑弱者爲賤大者且易招凶小而秀者妻賢子
好

▲相腿膝
腿膝爲人身之下停可別賢愚膝圓者一世不到公
廷腿大膝尖半世當招官訟膝尖腿小名鶴膝主下
賤膝小無骨主天膝上生筋一世奔波勞碌腿上
生毛一生不犯官刑毛粗短硬者招刑細軟而長者
有福腿膝如柴老無結果袁柳莊云膝大腿小主下
賤膝小無骨主壽天膝上生筋一生勞碌腿上生毫
一生不犯官刑惟腿毫欲其軟硬則招險又云膝大
不宜露骨腿大最宜膝圓膝圓如十一生不到公庭
膝尖腿大常招官司

▲相肢肱

股肱乃一身之根本而股更重於肱大八無股貧賤
泛常小兒無股難期長大瘦人無股敗走他鄉肥人
無股後運不昌

▲相毫毛
人身毫毛雖屬聯帶名詞相法則另有區別粗硬者
爲毛不拘生何處均主賤細軟者爲毫宜生腿足爲
奇臍下穀道俱有毛者主一生不招陰病不畏神鬼
胸上生毫主人性躁背上生毛一生勞苦乳上生毫
三根必生貴子毛多如草亂者無子之相也手指生
毛而細軟者亦好

▲相斑痣
斑有大小黃黑之分凡人白斑黑痣聰明好色人白斑
黃下愚且賤瘦人年少生面或身壽限難長肥人
有斑主壽惟土形人宜生斑金木水火四形人省不
宜斑大者爲斑小者爲點少年生點不妨忌生斑老
來喜生斑名曰壽斑主長壽痣若山林峯巒不可不
高蓋高者爲痣平者爲點青黃者爲斑斑點不宜生

面上相書云面多斑點恐非壽考之人正謂此也痣

在面爲顯痣在身爲隱痣俱宜有毫背生痣主衣冠

肚主衣祿胸主多智色黑如漆亦若硃砂硬圓而高

者主貴軟者不足奇

第五章　手足相法

△相手

手爲一身之苗關係至巨而相手之法○諸家立論各
殊柳莊云相手之法先看五行○次察八卦掌有厚薄○
指有長短紋有淺深色有明滯務要君臣得位五行
得配八卦有停賓主相合指甲乃筋之餘
經小巷鬢見一手傾水於窗外色瑩如玉光射人目○
指細主人聰明掌紅潤財與祿足暗黑家破財空掌
心有肉乃祖父根基手背有肉乃自創基業柳莊偶
指尖如春筍掌色如紅硃但未見其面逕曰此手是一
男子當入翰林若爲女手定作毌后查詢是一
良家少女旋永樂選此女入宮爲妃坐正統者也無
論男女之手均宜血色潤色明指長紋細心背有肉爲
妙○

△范文園先生相手五法
一論手紋　手紋或散亂而粗俗或成形而細秀皆

從胎元中所成○故可辨別根基也貴人掌紋大抵有
情清楚天然成字文理瑩潔端美俗人之手紋必粗
斷不粗斷則散亂或有紋冲破或昏暗模糊蓋掌之
有紋如木之有理木有奇紋便爲奇材手有美紋便
爲美質故手無紋者爲下相有紋者爲上相紋細而
深者吉紋淺而淺者賤貴人之手筋不浮○
如玉紅如火直如幹軟如綿紋欲其清而秀或成器
物或成形象端瑩不富則貴俗人之手短而筋
纏硬如石粗如土曲如柴肉浮腫多節無紋筋骨粗
露紋斷紋亂紋粗紋淺肉暗肉焦色黑色枯不貧則
天

二論指掌　指爲龍掌爲虎○(參看後指掌圖)龍
骨欲長虎骨欲短手欲軟而長膊欲平而厚骨欲圓
而低腕節欲小指節欲細骨露而粗筋浮而散紋緊
如縷肉枯而削皆非美相指忌掌短聰明多才掌長

指短無事得謗指如箸者聰明指如鼓槌者愚頑○

指如剃蔥者多祿指如竹筒者貧窮指硬而疎者破

敗指柔而密者多金手香煖者清貴手臭冷者下賤○

手偏強如猪蹄者愚魯手軟滑如錦囊者富貴○

三約並通財祿指紋一約定爲走卒一指兩節終亡

於道路十指纖幽閒漏福指節漏風財散不聚中

指爲主四指爲賓主相稱爲美二指長者主近貴

四指平者小人不足小指長者貴得奇福

三論五指損傷　五指損傷亦有所主六指破損

二指破剋父三指破剋母四指破剋妻五指破損子

大指騈者主母帶疾指甲堅厚者主壽軟薄者主囊短

甲黃而瑩者壽貴甲白而淨者閒逸甲如明瓦者主技

巧甲如板瓦者醇厚甲枯短者不宜爪甲碎裂者無

成指甲滋潤者財穀豐盈皮乾肉枯者命孤而夭又

云民（參看八卦圖）上不宜鋪白板掌中最忌宿

烏鴉白板者棺材紋烏鴉者黑氣也生不全者無妨

生全者其年衰年死黑氣生於坎宮者主落水死

震宮黑者被雷傷兌宮黑脈過艮宮者主虎傷巽宮

黑脈過乾宮者主蛇傷離宮黑脈過坎者主見災（一

欲知掌心八卦（參看八卦圖）

四論掌心八卦　掌分八卦定其宮位觀其氣色辨

紋脈之貴賤排震兌坎離爲春夏秋冬分乾艮巽坤

爲四門四時不調則萬物天閼四體不端則一生困

苦明堂紅潤喜事臨身八卦高聳終身富貴乾爲天

管兒孫之貴賤坎爲地管祖父母之根基艮乃丑位

管兄弟和順震爲卯位管奴僕之得力中央明堂

氣色財帛之豐富兌宮高聳主長子之權豪坎位高

堆受前人之庇蔭艮宮剋陷損子父於初年震上高

朝置田宅於一世巽宮散亂都爲游蕩之徒離位突

八卦圖

四四

高必作功名之士坤宮帶破招兒女以凋零兌位有
傷定夫妻之緣寡掌通四起容止君子粗骨露筋多
災俗手掌如噴火衣食足掌中噀血財寶豐手有仰
羊行不裝粗手如散糠一生快樂
五論掌　手足關一身之得失觀五行而配合　分形
局以辨魚龍五行不合則萬物不生形體不稱則家
業難成相手之法先觀掌之細膩端方偏削硬薄次
察紋脈血氣之根蒂再揣摩骨肉之平和量其指頭
之長短然後看浮筋露節之凶情方可論斷萬金書
云紋如南星現於中宮列土分疆北斗列於正宮貴
爲天子九羅生於八卦五井現於離宮官居極品掌
心印紋乾宮方印定爲太師文聖紋如錦滿掌噀
血資財百萬巽離坤三峯高起金玉千箱紫龜紋金
井紋玉階紋雲環紋六花紋棋盤紋皆主富貴三才
紋如散亂沖破者主一生少成多敗夜叉紋橫死紋
刀字紋枷鎖紋尖角紋棺板紋覆舟紋散亂紋皆主
貧窮凶天鬼谷先生云論掌最重在五行合格不合

格而一般相士皆稱指頭修長紋秀者主貴殊不知
土形人指欲圓厚重實如指掌細長者不合格局相
書論指掌取肉圓充足者吉殊不知木形人取紋脈
修長瑩瘦者爲合格如指大而掌重實者又爲不稱
雖有好處難期大富大貴也金形人取指掌端方水
形人取指掌圓滿火形人取指掌紅活土形人取指
掌厚重木形人取細膩紋秀若手薄細而指尖長
凡身肥大而面圓滿者爲水形若手細而指尖長
便爲不稱水局身瘦長而面細秀者爲木若手厚
重而指粗大者又爲不合木局所以論掌必先相形
（參看五行形色節）故麻衣老祖曰面貌爲人之
根本指掌爲人之枝幹相人須手面並觀十不失一
然亦有好相鍾於面而不鍾於手者亦有好相鍾於
手而不鍾於面者常見貴人有手粗紋粗者何也乃
係土形人不忌掌之粗厚無紋然必眉目英發故主
貴而多勞又常見俗人之手紋細紋秀者何也此爲
木形合格局但嫌眉目不秀未得貴顯僅享清閒之

福總之相手祕法必先分五行之肥瘦短長合格細
察眉目聲氣之清濁然後分別賤貴判定窮富庶乎
不差矣

相法祕傳　第五章　手足相法

△相手背紋

手背之紋其驗尚矣故有人和之理。五指皆近於上
兩節者謂之龍紋主爲天子之師。生於下節者爲公
侯生於中節者爲使相生於無名指者爲卿監生於
小指者爲朝郎生於大指者主巨富手背五指皆有
橫紋旋繞者主拜相手背直指之本
亦曰明堂有異紋黑痣者主才藝高貴若紋成飛离
字體者主清貴大指本有橫紋者謂之空谷紋主大
富有紋繞腕周旋不斷者謂之玉釧紋主人敬愛一
紋二紋者朝暮之榮三紋以上者清顯之貴男女皆
同其紋須得周匝若斷續不匝者無效也。

四季紋

（惟四時主旺刑剋以定）　春青夏
赤秋宜白四季之中黑喜多秋赤冬
黃春見白夏間逢黑總爲凶

帶印紋

（主身帶印爲太師）　掌上紋如帶
印形前程合主有功名莫言富貴非
吾願自有清名作上卿

兵符紋

（出將入相昔陳平有之）　兵符紋
現掌中央年少登科仕路長節或定
應權要職震戎邊衞推旋踵

金花紋

（主男人封侯女夫人）　紋帶金花
印立身此身富貴不憂貧男兒指日
封侯相女子他年國內人

拜相紋

（其手如琴者昔張良有此紋）　拜
相紋從乾位尋其紋好似玉腰琴性
情敦厚文章異常得君王睿顧深

雁陣紋

（或身紋生者又名朝銜紋）　朝銜
紋類雁排行一旦功名姓氏揚出入
皇都爲將相歸來身帶御爐香

相法秘傳　第五章　手足相法

| 三峯紋 | 三奇紋 | 玉柱紋 | 六花紋 | 雙魚紋 |

（文章大器）雙魚居敬學堂中冠
世文章顯祖宗紋過天庭更紅潤爲
官必定至三公

（六花爲待從之聯慶年）若人有
此六花紋他日深沾雨露恩可許爲
官須作相慶來晚歲耀朱門

（中年發達）玉柱紋從堂直去爲
人膽智必聰明學堂更得文光顯一
定中年作相公

（更有學堂科名及第）三奇紋現
無名指一路分開三簡紋一在退宮
並堂內拜相金門拜相臣

（主富貴）三峯推起巽離坤肉滿
高如束樣圓光澤更加紅潤色家中
金玉有良田

| 車輪紋 | 學堂紋 | 玉井紋 | 立身紋 | 美祿紋 |

（一生安樂）美祿紋如三角形偏
宜三角帶橫生自然衣食常豐足到
處追陪自有情

（二中帶手日紋）立身紋上印堂
豐堂堂形貌氣如虹他年顯達須華
貴終是朝中一相公

（佐理朝綱）一井紋爲福德大二
三重井玉梯紋此八一定能清貴出
入朝中佐聖明

（細者貴）母指由根論學堂節如
佛眼主文章金門選舉須科甲名譽
清高遠播揚

（主大貴）此紋圓滿主車輪必是
皇朝館殿人更看紋全名杖鼓封作
諸侯百里臣

四二

懸魚紋　　四直紋　　天印紋　　奇扶紋　　寶輦紋

（文章榮身登科）懸魚紋襯學堂
榜踏龍作馬玉爲鞭

（中年富貴）四直名何求中年不
用愁更宜紅潤色一旦便封侯

（生乾位上震位爲從之相）　天印紋
生乾位上文章才調自榮華爲官平
步天街上凡庶堆金積滿家

（紅潤富貴）奇扶紋出無名指膽
氣高強難並比手紅色潤是多能自
是平生招富貴

（封侯富貴）寶輦紋奇異相形端
如日暈掌中心是環定是封侯相錢
樣須多穀與金

三目紋　　金龜紋　　筆陣紋

（名冠儒宗）三日精瑩現掌心文
章年少冠儒林須知月闕高攀桂四
海聲名值萬金

（在命宮主富貴雙行在宅亦好）
兒宮西岳起隆隆文似金龜氣象雄
退算定須過百歲居家金寶更雍容

（登科）筆陣紋生陣陣多文章德
行勝鄒軻中年得意登科第福祿無
疆着綺羅

▲相足紋（附足紋圖）
足上載一身下運百體體雖至下其用至大是以可
別妍醜審辨貴賤也足欲方而廣正而圓膩而軟者
富貴之相也窄而薄損而短粗而硬者貧賤之相也
脚下無紋理者下賤足底有黑痣者食祿大而薄
者下賤足厚而橫者貧苦脚下成眼者福及子孫脚
下旋紋者令譽千里脚下平如板者貧賤脚下可容

龜者富者足指纖長者忠良之貴足指端齊者豪俊
之賢足厚四方者巨萬之富足排三痣者兩省之權
大抵貴人之足小而厚賤人之足薄而大又云足下
軟滑多紋者貴粗硬無紋者賤足下有龜紋者二千
石祿足下有禽紋者九卿之職足下五指有策紋上
達者兩府使相足下有十字一策紋上達者六曹侍
郎足下有三紋如錦繡者食祿萬鍾足下有紋如花
朵者積財百萬有紋如剪刀者藏金巨萬有紋如人
形者貴壓百官有一策紋者臚爲武將有八螺紋者富
而貴顯兩小指無螺紋者謂之八螺紋兩小指背亦
有螺者謂之十螺紋主性鄙十足指皆無紋者多破
敗足下有紋大利子孫足下黑痣富貴賢士

貴

龜紋

禽紋

第六章　形神氣色骨肉相法

△相形

夫人稟陰陽之氣肯天地之形受五行之資爲萬物之靈歷觀諸大家相形祕訣必驗五行格局以別美惡。

【雲谷山人定形格訣】凡相有肥瘦先後之不同。惟手掌定在先天老少不能移易。故求形必先求掌。方得識真種子倘以相之肥瘦定人差之遠矣况金木水火土五形俱有肥瘦如金形若石石有大小堅輕之別木形若樹樹有清秀凝濁之殊火有太陽燭之分水有江河溝洫之別土有泰山邱垤之異若以肥瘦定人豈不繆哉至於無氣格者其相不足道矣。

△雲谷山人五形歌訣

【金形】頭圓面圓耳又白齒白唇紅身不黑骨肉調勻鬚疎腹圓背厚聲清拍掌平方厚額起骨胸平有肉肥合格行動身體不輕浮乃是金形露貴格

【木形】掌瘦指長頭又長鼻長身瘦腰又窄眉疎鬚疎髮又疎聲清現喉方合格行動飄逸身仍定耳白唇紅且高額便是木形富貴人兩眼有神分黑白

【水形】肉多浮腫腹低垂眉濁髮濃眼神露聲帶痰滯音不響唇厚口大臀多骨頸多皺肉行難穩指短肉多掌心闊此是水形合格人細看神強富貴大

【火形】頭尖肉紅性又燥髮焦鬚黃鼻露骨顴尖骨露眼睛紅眉上吹毛胸又突指掌尖薄并露筋行動身搖耳尖拂聲焦聲破額孤高唇超露齒火形實

【土形】頭平頂正鼻頭豐地閣朝元方正宗枕骨

平橫面黃赤背腰半厚腹垂洪頸短掌方足背厚
聲沈耳厚髮眉濃眼長額起面田字五岳相朝富
貴公

▲范文園先生五行論

五行之始自箕疇後之名相家都以五行定形判
人終身禍福立說雖微有異同而所定五行格局則
大致相同呂祖亦爲神相家其論五行入門訣云金
形方正色白潔肉不盈骨不薄木形瘦直骨節堅
色帶青分八卓壁水形圓厚重而黑腹垂肩聳眞氣
魄火形豐銳赤焦燥反露氣枯無常好土形敦厚色
帶黃臀背露分性樂靜

五行論相須識其源紅黃黑白各有所配肥瘦長短
各合其度要知生人無有不得金木水火土五行以
成形至於辨別之法木形青而瘦長金形白而方正
水形黑而肥圓火形赤而尖露土形黃而敦厚以爲
五形之正局金形人取面方耳正眉目清秀唇齒得
配手端正小而方腰腹圓正色白氣淸爲正鼻準三陽

相法祕傳 第六章 形神氣色骨肉相法

四五

五一

不宜帶赤若土內埋金之象主多災難輕則破家重
則死亡所忌火旺然氣淸色冷又宜微火則寒金逢
火煉方成大用金形主方得其五方氣色不雜精神
不亂動止規模坐久而端重也木形主長得其五長
氣色不雜精神不亂動止溫柔涉久而挺直也水形
主圓得其五圓氣色不雜精神不亂動止寬容行久
而條達也火形主明得其五露氣色不雜精神不亂
動止發揚而敏捷也土形主重而實得其五藏
氣色不雜精神不亂動止持重臥久而安泰也故論
五行之相必要分五行之形而辨五行之性方肉其
骨也陳搏先生曰相法雖論金木水火土五行中自
有各別之分與相生相剋之理然就一行之中更有
分別之分且論金亦有丹爐煉足紫赤之金亦有沙水
寒冷之金亦有烈火燒煉之金且論木亦有蒼松翠
柏之木亦有千丈擎天梁棟之木亦有盆景花草與
楊枝斜曲浮朴之木且論水亦有千巖萬壑流泉之
水亦有江海相聚相變和靜廣大之水亦有汙濁混

雜浮泛淺狹之水。且論火亦有上下通明。無所不照
之火亦有鬱鬱不明。草木將灰淹滯之火亦有炎炎
急躁暴烈之火。且論土亦有萬年山水永結一氣厚
重之土亦有沙石灰污不實之土。亦有水泛木浮而
不得氣之薄土所以送祖祕訣云相中雖論五行為
根本然而奧妙之法。要採眉目之清秀口鼻之端詳。
精神之榮暢氣宇之廣大為枝葉也。

▲▲▲ 五行吉凶

金逢厚土足實足珍諸事營謀遂意稱心。（色曰氣
清金也骨內厚實土也為金逢厚土）
木水相資富而且貴文學英華出塵之器。（形體瘦
直木也色玄氣清水也為木水相資）
水得金生氣利名雙成智圓行方明達果毅（肉肥骨
輕者水也氣白色清者金也為水得金生）
火局遇木鳶肩鷹上三十為卿功名蓋世（氣色紅
活火也形體挺直而鬚眉清秀木也為火局遇木）
戊己甲丁愈煖愈佳其道生成（形體厚重土也氣

色鮮焰火也此為得氣之土易平發生也）
五行論相更有相生相剋之局兼形者多眞者最難。
故五行得人其一行眞者無有不大貴者兼形者即
五行中擇其多者為主然後定其生剋如相生者水
宜帶金木宜帶水火宜帶木土宜帶火者是也相剋
者金不宜兼木水不宜兼土土不宜兼水水不宜兼
火火不宜兼金此乃古法又有五行順合順合
者木合火水合金土合木此順而合僅主多逆雖貴
亦任浮洗之間如逆合者更奇如金與火仇有時金
多火少合火推之水旺宜土水皆然此為逆而合
其貴非常所謂逆合者白多紅少金行帶火則然紅
多白少火行帶金則三十死矣水形帶土黑多黃少
則然土形帶水黃多黑少則孤寒矣木形帶金青多
白少則然金形帶木白多青少則刀劍隨矣如逆合
者金不宜見火然而耳面身手皆方正色白者雖得
金行之眞局如骨太清肉太潔神太徹氣太冷者得
火色盈於面又為寒金逢火煉非比頭尖鼻尖之火

剋金反得其生也。論木形人有甲木乙木之別。甲木
形體骨格皆森森軒昂聳直也。若帶金斷削方成棟
梁之用。如乙木頭面身手皆瘦弱渺細。若帶金何堪
斷削。故非貧即夭。論水形人貴在於眞氣魄耳爲江
瀆之源深邃闊爲得長江之氣。目爲河瀆之源
澄清澈底爲得懸河之氣魄。鼻爲濟水之源深厚爲得
厚爲得濟。土之氣魄口爲海瀆之源深厚安藏爲得
大海之氣魄。水形人得此爲眞氣魄。主爵高位顯如
耳輪缺爲江水泛鼻肉泛爲濟水泛目睛闊爲河水
泛口唇灘爲海水泛。其此數者雖得水形之眞局亦
敗相也。論土形忌乎木剋然土重又宜木之疏通也。
何爲木之疏通。惟土形人骨肉氣魄皆深厚重實其
秀氣不能常現於面目之間。察其喜怒情動意開之
時神忽焰光氣偶澄淸。鬚眉翠秀。此便爲木之疏通
也。開後復隱於氣魄之內。識者最難書云淸亦貴濁
亦貴神濁氣淸神不見此論原辨
土形人氣魄廣大。驟然不能辨別神氣秀處之說也。

至於火形人論形與金木水土四相不同。氣不宜藏
色不宜靜。目長耳大爲忌。鼻豐口闊爲忌。何也。此皆
火形之相形也。故論火形耳高露廓乃正也。三停俱
帶尖得其中矣。鼻驕露珠得其用矣。面赤睛紅合其
格矣。誠爲大貴之格也。

▲論形定局

論形定局辨五音合五行則大貴之格見矣。如木形
聲嘹喨高暢激越而和。火音焦烈嗓怒如火烈之聲金
音和而不戾。闊而清急而暢達土音
重厚如洪鐘之聲韻。此皆宰相之材也。即以土形論
有等形體敦厚骨肉肥大。氣魄重實聲音尖細者爲
土形不得土音合局難成大器。若乃重而不亢燦如
也。徹而不瞬口敦如也。闊而不張虎頭龜背鬚垂近
腹泰如也。與之行俯然而色畢與之言泛然而後慮
浪驚舟側而不懼是土形之最正者。又如木形之正
局身長挺直者木之英發也。眼有藏眞者木之含秀
也。唇紅齦厚者木之根深也。聲響遠震者木之內固

也氣瑩而鬚眉光彩著木之得氣也凡人之相雖取
肉肥氣和爲貴殊不知木形人便是極瘦之體紋理
若能色澤瑩潤又爲精神內固也金行金局或貴而
忠或富而夭蓋雖論五行得其一行眞者不貴則富
有等得一行眞而若不得其性者非眞局也有等行
眞性合而又不得眉目神彩秀麗之合局雖有吉處
非大器也更有金形得金局得格者其間或頭
尖額尖鼻尖鬚眉赤色聲音焦烈弗貴也

△飛禽走獸形之善惡

人之取形由氣之取象以天地風雷水火山澤八物。
以配八卦而取法之不異乎此也凡欲觀人形貌不
取乎形狀飛走之類須憑巧意以推然正形者迴牛
舞鳳戲獅伏龜游鵝浮鴨攀猨坐猴蟠龍踞虎搏雁
望鶴之類得之仿彿者皆可取也體貌巉岩者名爲
龍形容貌端正者名爲鳳形清瘦脛長者名爲鶴形
秉性曠達身膚綬肥者爲麒麟形器宇軒昂者爲獅
子形身圓而瘦性劣臂長者爲猿猴形眼金睛而威

猛背脊連枕者爲虎形。鼻大身肥手足大者爲象
形行驟性急口闊鼻長者爲馬形。此則言其大略也
天罡曰龍形岩峻面長鼻高耳聳眼圓睛露光照
四遠眉闊高長形貌端嚴身體長大骨格清秀舉止
出衆有威權足機變也全虎形頭犬額闊鼻豐口方
身長安泰眼金而瞻視平遠光彩射人髭髮疏硬語
聲如雷行步重厚也麟形頂骨高聳形態軒耳高
眼深眉粗額闊口闊白睛黑圓滿而犬山根缺
陷口闊方眉婆娑多髭鬚也鶴形神清骨秀額粗項
長步闊性柔聲音清爽也鹿形眼青黑長耳聳高
面頰多鬚身手多毛行步多走也牛形身魁梧性緩
慢眼黑常動項粗頭廣行步緩也蛇形頭長額側仰
平眼赤細圓口闊鼻瘦隼紅行路腰軟頭搖仰
面走也羊形頭方面長無額地閣尖削口聚齒大腰長行驟而
急也馬形面長眼大口闊耳尖齒大眼毛長耳大
多生額下睛濁露白也猪形頭闊面長眼毛長耳大
無輪廓項短肉肥也狗形頭大頂粗睛黃面尖口聚

耳小而聳。性急也。鳳形、眼細秀眉長清鼻高圓小身

細骨清肉秀。聲音谷響也。鷹形頭方額齊鼻曲嘴鉤

眼圓金赤射人耳卓口尖情性急也孔雀形面小身

大眼小晴圓性慢散誕愛華飾美也鷺鷥形身小眼

細長眉薄頭方項長脚腿細腰輕愛也總之形似飛禽

則劣或類其小為小人若類其大為大人其吉凶禍

形似走獸取類而言之類於優則優類於劣

禍無不驗也取形固取乎神似猶側重於雙目如龍

目若懸珠光芒不動如秋水名滿天下虎目大而威

光射人終為將帥牛目大而微黃性慢敦厚鳳目細

秀眉長乃真貴八鶴目昂頭視物可享清閒之福馬

目神癡色昏平生勞苦龜目睛黃圓小而縮頭仰視

者富足清閒猪目神昏視斜圓大混濁多死非命象

目眼小神藏身肥下視專受人驅使鷹目金晴有光

射人可畏自强好勝臨危喪命蛇目小而圓黃視下

行步掉頭與人交終有害人之心鼠目圓小暗黑若

漆視物必點頭為人多巧貪利終為盜猿目朦朧仰

視性好顛狂必為敗倫之輩狼目鬌眉俯視黑多白

少或帶黃色偷視心性貪婪羊目白晴多赤似昏似

暗賤遭橫死犬目晴黃三角低頭斜視好說是非

▲富貴壽夭貧賤孤惡諸形相歌

富相形厚形安氣清聲陽項大額隆眼明眉闊耳厚

唇紅鼻整面方背腰正皮滑腹垂牛齒鶴行聲響

谷出皆富相也 貴骨骨細皮膚滑應知是貴人坐

時神氣穩須作大功臣兩眼神清爽雙眉入鬢長骨

清神聳直早見坐朝堂 壽相肉緩精神爽如龜背

春豐雙縧垂項下此壽比椿松壽堂深一指知是老

人鄉眉生毫長白開居百壽長 天相氣短兼齒

神迷色帶烟三長更三短那得有長年口細胸脯凸

頭低勢不昂肥人如氣促妻子守空房 貧賤相頭

小額窄耳薄皮粗口小肉綏形俗神怯氣濁聲破腰

折背薄脚長肩促鼠食蛇行皆貧賤相也 孤苦相

眉似羅漢鬚若判官眼常流淚聲雌帶哭人中獨齼

口紋裙幅性好獨食財上算盡刻絕如此情性不問

孤形寒骨。薄相薄者體貌劣弱形輕氣怯色昏而
暗神露不藏如一葉之舟而泛重波之上見之皆知
其微薄也、惡相惡者體貌凶頑如蛇鼠之形豺狼
之殼性剛氣暴骨傷節破目露聲爽皆知其凶惡必
多形厄也。俗相俗者形貌皆濁如塵中之俗物縱
有衣食亦多迍邅

▲相神。

神居內形不可見。養以氣神爲命根氣壯血和則安
固血枯氣散神光奔英標清秀心神爽氣血和調神
不昏神之清濁爲形表能定貴賤最堪論
神不欲露露則神遊則必凶神貴內隱隱然望之有
畏服之心則爲貴凡相甯可神有餘而形不足不可
形有餘而神不足也神有餘者貴形有餘者富神不
欲驚驚則損神不欲急急則多誤又須相人器識
器宏則能容而德乃大識高則能曉而心乃靈器淺
識卑雖有餘賢則君子未免爲小人也

〔神有餘〕。神之有餘者眼光清瑩顧盼不妄眉秀

而長精神聳動容色澄澈舉止汪洋儀然遠視若
秋日之照霜天巍然近矚似和風之動春花臨事
剛毅如猛虎之步深山處衆迢遙似丹鳳而翔雲
路其坐也如界石不動其臥也如樓鴉不搖其行
也洋洋然如平水之流其立也昂昂然如孤峯之
聳言不怒發性不妄躁喜怒不動其心榮辱不動
其操萬態紛錯於前而心常一則可謂神有餘也
神有餘者皆爲上貴之人凶災難入其身天祿永
其終矣

〔神不足〕。神不足者如醉不醉常如病酒不愁似
愁常如憂戚不睡似睡纔睡便覺不哭似哭忽如
驚怖不嗔似嗔不喜似喜不癡似癡不畏似容
止昏亂色濁似染言語瑟縮似羞形態如遭凌辱
色初鮮而後暗語初快而後慢此皆謂神不足也
神不足者多招牢獄枉厄官亦失位矣

▲雲谷山人相神祕訣。

人以神爲主有神則發無神則衰神足則富貴福壽。

神衰則夭折貧寒神從何處得不徒眼中認取合一
身動作周旋飲食起居進退言語視聽聲息中求之
也譬如坐則腰折是無神坐如山峙是有神立則足
跛是無神立如石蹲是有神語則斷續悲咽是無神
語如洪鐘宮商各叶是有神默則眉鎖容愁是無神
聽則如聾如蠢是無神視則昏昧不明動則頭傾身
軟言不响亮不發揚食則過緩過速飲則如流如
難不睡而鼻有聲息不語而口常呼吸足搖手擺
仰行俯此皆神不足之謂也至於眼中之神易於揣
測有力於視者謂之神足無力於視者謂之衰視令
人畏者謂之神旺令人慢者謂之衰此更易於辨
認也眼若無神如醉如癡如昏如迷此必夭折貧寒
者矣

△相氣

雲谷山人曰氣與色不同色屬虛氣屬實氣從骨來。
色從肉現有色無氣不發有氣無色終榮天地八三
才(自額至眉爲天自眉至準爲人自人中至地閣

爲地是即面部三停)得天之氣旺則風水必發祖
德必厚夙根必深氣從山林塚墓邱陵邊城諸位認
起(山林管舊風水邱陵塚墓管新風水邊城輔弼
管初德天中天庭枕骨管夙根此上停所管三事也
新舊風水以三代上下言之)得人之氣旺則家運
必昌心田必吉事業必隆從龍宮兩額兩眼準頭諸
位細辨(龍宮管家運心田子嗣財帛兩額管權位
事業準頭管心田)得地之氣旺則後嗣必隆死獲
吉地壽登仙島從地閣地庫水星鬢髯諸位參詳(
地閣厚爲子得力邊地閣者死得吉地鬢清而結眼
有碧光爲仙佛否則難以福澤斷)氣從守上起如
游龍如飛鴻近看無遠看有不可捉摸似動似伏此
乃旺氣之正宗也諸書言氣皆非多混任色字內看
不墮洩氣之指歸也故人無氣有色驟發驟敗有氣
有色永發不休氣聚上停少運必發(少運自眉而
上主十五至卅四歲)氣聚中停中運必昌(中運
自眼至準主卅五至五十歲)氣聚下停晚景乃達

（自五十至七十五歲）時人能認得氣宇看得准
則對面知人之榮通斷人之禍福不爽毫釐

▲辨五管之氣

耳有氣輪廓成星辰聳耳白有珠竅寬耳厚耳硬反
此無氣

頭有氣頂豐圓骨不孤露有輔弼有枕骨額高無紋
無筋端正無氣反此

面有氣額起肉豐鼻準隆光潤鮮明無筋無紋無
黑痣骨肉停勻無滯色無氣反此有氣神光如電

黑白明亮能久視不浮不陷睛大如漆黑

眼眶尖長而秀有神而不凶藏神而不昧無氣反此

額有氣無紋無陷如覆肝如壁立有輔弼無氣反此

鼻有氣上貫天庭山根豐滿年壽有肉光澤無痣準
頭豐滿

諫台廷尉有勢有肉夾準有力不露鼻脊不曲不偏

井灶有欄不仰孔不大硬山根不纖小低塌無紋無
纏豐隆端大長聳有勢無氣反此

口有氣不露齒不落當門齒口角仰唇如珠而厚多
紋不薄不反不撮不黑無氣反此

額有氣骨肉調勻高圓起於正面夾拱鼻中無暗昧
色龍宮豐滿無氣反此

地閣有氣則地閣朝元骨肉調勻地庫豐滿波池鵝
鴨不陷鬚不困口鎖喉無氣反此

身有氣頭正身端膊平背厚腰圓胸闊臍深臍仰腹
垂有托手不搖足不跛頭圓而正乳紅堂白多珠點

不露筋骨不偏倚脊平不生槽有臀行動不浮聲洪
有力反此一件則一件無氣

▲相色

雲谷山人曰色者飾也現於外者也色有一日一變
有數日數十日一變大抵以久凝者爲實色庶可以
定吉凶然已凝爲實色則必見效驗然後乃散既散
無復再見也倘見效而仍不散者主事還有復見故
不能驟然散也此必細心審辨方知求功名宜額上
黃光印堂紫色兩顴明潤眉中施豔則利暗則不利

求子嗣宜三陽明潤黃明色在臥蠶或紫氣在印堂

著佳暗則不利求財帛宜準頭明潤年壽光明則主

大財無論黃紫均吉暗則不利求升者宜五岳有紫

氣天庭有黃明色俱主升遷倘駟馬或印堂位暗主

降謫色白主丁憂求駟馬。（駟馬骨起主貴位於邊

城稍角之間）宜駟馬光明。倘暗色主動駟馬不利

黃明在駟馬主得財黑主疾病暗生死亡兼防水厄

盜賊白色在印在額主孝服

青色在山根主憂在年壽主病青在三陽主子災。赤

色在山根主火災。如濃血在兩額在印堂主官訟、

黑在命門在額頭在口在天庭主死。黑在兩顴主刑

子黑在奸門主刑妻黑在三陽主子死黃色在天庭

主升官黃明。在三陽主得貴子黃明在準頭主得財

黃色宜黃明。黃而不明反生病藍色滿面主欠陰

德有陰毒事見紅在印堂主訟紅在兩顴主是非剋

財紅在準頭主剋財紅在年壽主血疾面帶紅色主

火災喪身

▲看面上氣色推詳月份定局訣

正二月是寅卯屬木宜參右耳右額次看鼻鼻乃一

相之主又看額乃夫中貴人姑無論黃明黃光紅

明紫氣青潤俱宜總宜潤者爲貴暗則不利不必拘

泥屬木定色靑也餘做此不復贅

三月辰六月未九月戌十二月丑俱屬土宜先看鼻

無論何色總宜黃光不暗次看年壽準頭山根黃明則佳

再相額可也。如現火紅靑色不利紫黃而明者亦佳

四月巳五月午屬火宜看額次看鼻總宜紅黃紫色

乃佳餘不利

七月申八月酉屬金宜看左耳次看鼻額若得耳無

暗滯鼻額通明無論黃紫明者乃佳白而生色亦佳

餘不利紅防剋財

十月亥十一月子屬水宜看目唇色鮮紅潤者佳。

宜黑色清潤再看鼻額若得光明四透則佳無論紫

黃色明者俱吉至現黑枯及靑色俱不利不必拘泥

靑宜春紅宜夏白宜秋黑宜冬黃宜四季也看氣色

亦宜扣准節令最要先開部位吉凶然後乃看氣色
佳而部位不好可保救一大半若部位佳而氣色不
好則刑剋終凶面色最忌紅凡火災身災官非口舌
刑剋都宜防者

△相十二宮氣色要訣（參看第一章十二
宮分位圖）

印堂赤色如絲在命宮或起點如麻主訟重則囚禁
黑枯如灰主夭青色如銅主禍白色主喪服刑傷父
母無父母主兄弟妻子黃色主稱意事

【財帛宮氣色】鼻屬土忌青黃色主發財喜慶青
色主疾病灾患剋耗赤色主訟事膿血黃赤並見。
主訟得財白色主孝服破財黑色主囚禁財散準
頭黑色主死

【昆玉宮氣色】眉要光潤青主兄弟有災黃主喜。
黃左主返田產黃右主返田妻婦赤亦主兄弟不和
白主爭訟或損手足黑主刑兄弟事有暗昧不明

【田宅宮氣色】天倉地庫宜豐滿黃明忌昏暗青
主官非黃主產盛黑主產空赤主爭訟退業白主
丁憂白氣如粉主死亡紅主成田宅黃明主加官

【男女宮氣色】龍宮位宜光潤無滯紫色生好男
女赤色主產厄有驚或口舌膿血青左主生男青
右主生女青枯主子女刑剋輕主病百不稱心
黃主兄孫有慶黃紫主生貴子白主剋子女瘟疫
水厄黑白主哀紅主喜

【奴僕宮氣色】地閣氣色青主損傷六畜奴僕走
失疾病赤主奴僕口舌光明圓潤主返財紅潤主
返奴僕白主奴僕牛馬損傷黑主牛馬不利

【妻妾宮氣色】魚尾奸門位青主妻妾病赤主夫
婦口舌膿血有孕主防產難白主妻私通刑妻黑
白主夫妻男女悲哀破財損傷肢體分離黃色主
和諧

【疾厄宮氣色】山根氣色青主憂驚赤防重災膿
血白色主妻子悲又防手足傷黑主自身病紅黃
紫主喜

【遷移宮氣色】　天倉邊地顴馬山林髮際黃明主

財喜貴人利動官升名就赤主是非驚恐官訟白

主奴馬走失手足傷黑主道路死亡出外慎防橫

死水厄黃色主利

【官祿宮氣色】　天庭中正位黃紅主升官得名得

利訟有理青主憂疑昱在官百事不稱心主刑

獄災厄因訟傾家兵傷黑主降謫瘟疫黑氣如磚

瓦色主死於牢獄枷鎖

【福德宮氣色】　天倉地庫位青主憂疑驚恐家宅

不安赤主是非又主酒食白主災疾黑主進退憂

疑紅主吉

【相貌宮氣色】　相父母宮日月角青主父母憂疑

口舌相傷黑白主亡紅黃主親有慶

▲相病人氣色

凡病人病重而氣色大好者必死所謂殘燈復明也

病人準頭直至年壽上口現青色雖四岳尚佳亦必

死

△相掌色祕訣

掌中噴紅財帛豐盈掌中生黃家有死亡掌中生青

定有憂驚掌白不潤時運未運掌色乾燥財帛有刻

掌中烏鴉（黑色也）主多疾病掌中紫色財祿兼至

掌中卦暗求謀未遂掌上紅黃財帛來忙指上光潤

運通色暗運滯

△相骨大概

麻衣先生曰骨即象金石欲峻不欲橫圓不欲粗

瘦者不欲露骨（肉不輔骨而骨露乃多難有禍之

人）肥者亦不欲露骨骨與肉相稱氣與血相應骨

寒而縮者不貧則天日角之左月角之右有骨直起

爲金城骨位至三卿印堂有骨上至天庭名天性骨

從天庭貫頂名伏犀骨位至公卿面上有骨卓起名

額骨主權勢額骨相連入耳名玉梁骨主壽考自臂

至肘爲龍骨象君欲長而大自肘至腕名虎骨象神

欲短而細骨欲峻而應節緊而不粗

皆堅實之相也額骨入髮名驛馬骨左目上日月角

骨右目上日月角骨齊耳爲將軍骨兩溝外曰巨

鰲骨額中正兩邊爲龍角骨

又曰骨不聳分且不露又要圓淸氣秀骨爲陽分

肉爲陰陰不多陽不附若得陰陽骨肉均少年不貴

終年富貴骨聳者貴骨露者無力骨軟弱者壽而不

骨橫者凶骨輕者貧賤骨露者愚俗骨寒者窮薄骨

圓者有福骨孤者無親又云木骨瘦而靑黑色兩頭

粗大主多窮厄土骨大而皮粗厚子多而又富肉骨

粗無德賤如奴十骨大頭尖富貴不可言火骨兩頭

堅硬壽而不樂或有旋生頭角骨者則享晚年福祿

或有旋生頤額者則晚年主富詩曰骨入骨節細圓

長骨上無筋肉又香君骨與臣相應輔不愁無位食

天倉骨粗豈得豐衣食祿位因無且莫求龍虎不宜

相剋陷筋纏骨上賤堪憂

▲相骨要訣

范文園先生曰骨有見於膚表者。有藏於形氣之內

者在表者易知庸相之所憑也。在內者非按抑而知

非推來而得隱隱隆隆。若浮若沈。相者以精神取之

可以神遇未易以言傳也。又曰頭爲六陽之首百骸

之主目爲一身之精通諸竅之靈一身精神在乎兩

目一身貴處在乎頭骨故諸家無論形骸貴人根器

先觀神骨開眼見山此爲第一頭有七十二骨內有

最佳者二十四般皆主王侯將相唯腦之後名曰星

台故腦後有骨圓起如珠方起如印橫起如山高起

如枕或戚天圓地方。日月並昇或戚品字連環仰月

三台皆主大貴白衣亦能封侯有等枕骨橫起而無

肉無氣者主大貴或額顙骨四起。而鼻骨坍塌者或眉骨

伏起眉毛散落者或龍角骨隆起。而黑氣繞於兩角

者或腦後玉枕骨高起而潰壞者或頤骨隆起而無

如毛者或頭目有奇骨。而目疾泛光無神者此必損

陰隲而變相也。須防破敗死亡之厄相書云頭無惡

骨未可盡信也人有奇骨者雖主貴壽亦必須取精

神氣魄相輔方受天祿若有奇骨而無奇神相應縱

是壽不孤則貧矣有等頭額骨凸腦後骨高常受孤

△骨格部位圖

貧者何也此必骨露無神如山石之不得氣則孤露。尖有等形體柔脆。而反得貴壽者何也。此必有神骨。壞之也。故相眠取神爲貴。相骨取氣爲靈也。相論根器貴質有六內得其一便可定貴頭腦異骨

駔馬骨起主貴鼻骨冲印

主貴顴骨上天倉主大富

貴地閣豐員主大富福額

角平員大富貴顴骨插天

庭大貴北人主侯南人主

貴一品得爵文主伯子男

爵武主公侯爵

眉間華彩目中眞光鼻純梁柱聲內餘韻掌中錦紋

乃百部之珍一身之貴一曰頭人之稟氣結胎賢愚

額如龍角腦骨三台雖兩目不佳亦貴辨骨之質取

貴賤皆定於此骨法中貴者莫出於頭腦頭如覆礬

相法祕傳　第六章　形神氣色骨肉相法

五七

六三

頭骨聯者貴扁次之碎最下。故頭取圓圓則聯偏場
不合不貧則夭矣辨骨之色以紫為貴青又上白斯
下。蓋青則氣清紫則氣秀白若無氣則寒薄之徵也。
許負唐擧辨清濁疑難者有四。一曰清怕寒濁怕實。
清怕寒者面白而薄眉清而疎眼眶細長似乎清然
而辨眼清濁處在神於睛內取之不在目眶也故目
清無神骨弱無色肉嫩無氣曰清而寒濁怕實者骨
粗而皮粗髮濃而又毛硬目露昏浮曰濁而有神
間清又貴濁又貴如何辨曰清又貴者形白而有神
不必論氣古云神清氣弱氣無形蓋謂眼神若到秀
極處無氣而氣自生故神全得氣全得形而形全
矣又貴者相中原非濁乃形厚格魁氣過於神而
神不見然貴處正取在氣全得神全得形全矣
又曰太清曰孤太濁曰愚何以辨別曰太清者形清
骨清而精寒氣冷者是太濁者骨硬肉粗神昏氣剛
毛髮粗重者是此尤賤而不可取也。

△相肉

麻衣先生曰肉所以生血而藏骨其象猶土生萬物
而成萬物者也豐不欲有餘瘦不欲不足則陰
勝於陽不足則陽勝於陰陰陽相勝謂一偏之相肉
宜堅而實直而聳肉不欲在骨之內為陰不足骨不
欲生肉之外為陰有餘故曰人肥則氣短馬肥則氣
喘是以肉不欲橫橫則性剛而傾
肉不欲緩緩則性柔而有
滯肥不欲露露者近死之兆
欲白而潤皮欲細而滑皆美質也色香而煥色
臭瘤多如塊非令相也若夫神不稱枝幹筋不束骨
肉不居體皮不包肉皆速死之應也詩曰貴人肉細
滑如苦紅白光凝富貴來揣着如綿兼覺煖一生終
少惹凶災又曰肉緊皮粗最不堪急如綳鼓命難長
黑多紅少命多滯遍體生毛性急剛欲識貴人公輔
相芝蘭不帶自然香

第七章　坐臥行動言語聲音血脈飲食相法

▲相坐臥

坐欲端正嚴肅男女皆然。不宜搖身動足亂頭垂。凡此皆不足之相也。坐若邱陵者主大貴坐欲肩圓項正體平起坐舒適此皆貴人之相也柳莊詩曰坐若邱陵穩且平爲人忠孝立功勛若是體搖並足動愚頑下賤不須論臥乃寐之安不可不穩凡臥如龍之盤犬之曲乃貴人之相也凡睡將手抱頭者善明詞訟長脚長手爲停屍睡大不好也睡長夢多自言自語者乃狂詐之徒書云只因夢裏多狂語每向人前誑語多凡睡背仰天者主餓死睡中搖足者乃上等之相睡中啓口者主夭不閉眼睡中開眼者惡死睡中張口者必遭刑穩曲呼來還言吼管教白手起千金凡呼欲同聲高方妙眠宜身曲行宜身直方爲妙格

▲相行動

此乃一身之舉動形迹之所流露也貴人之行氣從下降力聚踵履之間故身不搖而足不亂也賤人之行多伸縮多偏倚夭人之行多軟弱多輕浮奔走之人不住址狹人之行多過頭剛人之行多挺秀商賈之行身重而脚輕封君之行身重而足定（背厚臂圓有福之象）位小者行必搖手力在股肱位大者行必身莊氣藏胸背

▲相言語

言語關乎榮辱輕則招尤訥則寡怨泛言多露齒狂言多口大慎言多唇長直言多齒齊急言者多口薄詐言者多齒小好說便宜者多口反好證短長者多口疎當門齒大而齊不狻不毒當門齒小而斜不謹不信舌大口小多言不了舌小口大言語急快舌大多紋言必合理舌長者言有根柢舌短者言無經濟舌上黑暗言無終始舌內鮮紅言必有中語未出而舌先見好語人非語不已而頭下垂心非口是此乃

相言語之大略也

相聲音

夫聲音者以氣為根氣未發而聲先變主不藏
掌重權聲與氣相爭出謂之噪哇主性急貶祿不足
聲未鳴而氣先出謂之太溢主壽不足氣出於聲
發為韻有聲無韻俗骨有韻無聲貴人胎敬貴人
之聲出於丹田與心氣相通混然而外達詳緩沈達
而開談有含情語終餘響不唯雅人兼是國士小
人之聲出舌端快捷低小一句未絕二句便接如秋
蟬曉噪臊馬聲嘶俗惡聽終為貧賤也丹田者聲
之根也舌端者聲之表也所以聲從丹田內出有聲
有韻有音遠而不散近而不已淺而能壯深而能藏
大而以濁小而能彰細而不亂幽而能鳴餘響滴激
似若笙簧宛轉流韻此為好聲好聲者並保祿位聲
從舌端上出有聲無音無韻響則盡去去則不遠噴
噴若孤鳴粗濁飛散細嘎聲濁撥亂淺澀沈濁痿弊
舌短唇強蹙急無韻乃惡性人也主有禍難名刑獄

厄有官必失有福必礙來和子曰聲與韻何以辨師
曰禽無聲獸無音聲主張發處尋見音主斂歇處尋
見相中論聲難然辨韻然而論聲必要高暢遠博者
為上也希夷問曰常聽有聲高者貧而夭有聲低者
貴而壽何以分別師曰聲雄如鐘則貴鏜則賤聲
雌如雌鳴則貴如蛙鳴則賤以此辨之清濁之音得
其牛矣如清中之濁者則內輕而外重如濁中之清
者則內藏而外明聲濕而音潤主發生聲噪而韻乾
主有重疾大如洪鐘騰韻囂鼓振音小如玉水流鳴
琴徵奏曲可悅衆心者君子也聲起於喉發於舌張
而散亂而浮輕重不均喈喨無節開聲觸怒而惡聽
者小人也老祖曰聲有清濁之別氣有清濁之分色
有清濁之辨故上相之相審聲中相之相審氣下相
之相審色也希夷問曰麻衣師曰聲壞如何改心師曰音聲
要改聲必須改心問曰聲壞可改乎師曰若
之餘也心者聲之根也人有蕭殺聲有慈悲聲有歡
聲有樂聲皆任人之喜怒哀樂中流出故曰聞其聲

而知其素者心也情也所以論人善惡之心皆發於
音見乎情也老祖曰聲者乃修五行之遊化辨六腑
之根苗出於五臟總諸靈而成響內以傳意意與氣
會心欲有言聲以隨之故人之聲應五行配以宮商
角徵羽推之以陰陽古察萬象以定吉凶唯五音之
中其韻律能藏往知來矣書云商聲知貴宮聲主富
徵聲主勞羽聲主賤角聲主死其說不然人不知音
斯罕喻矣五音亦各有善與不善之別也夫宮聲之
善者韻隴隴以和平不善者濁紛紛而瘃弊商聲之
善者韻鏘鏘以款鳴不善者碎傲傲而瘃落角聲之
善者韻嗷嗷而調直不善者動扎扎而寥落徵聲之
善者韻遙遙而還徹不善者淺屑屑而稍折故宮聲
重大沈壅商聲堅勁廣博角聲圓長迪徹徵聲抑揚
流利羽聲嘹喨低先曉此意然後可以知聲之善惡
也宮商之聲平徵聲上羽聲去角聲入或問曰平聲
何以辨乎師曰收之入口謂之宮推之出口謂之商

也以此為異夫宮人商聲之善者多子孫後代貴昌
金為士子子得商聲之不善者傲妄橫惡或帶痼疾或
不官子孫得商聲之善者大貴職位高遷木為士鬼
得角聲之不善或有牢獄之厄得徵聲之善者本宜
子孫保父母得火為母父剋金也得徵聲之不善者
小喪父為母所酷也得羽聲之善者得賢良之妻或
婢大富木為上財得羽聲之不善者得不善之妻或
早喪其妻或攣跛羸殘常抱疾患舉此一端以例推
之盡可知矣故曰聲無宮則輕無商則乾無角則濁
無徵則緩無羽則低聲乾無財聲濁無文聲緩無權
聲低無學有聲無韻壽難長仕難進也

▲△相血痣

血痣者由五臟六腑而生本心田陰隲而發也故人
必以有血痣者為貴而黑痣不與焉血痣根心田存
心善者則生也前有惡而後有善則生前有善而後
有惡則痣人能以善存心血痣必起起於山林塚墓
邱陵者主壽而身後得善地起於山根鼻準者主貴

起於淚堂龍宮者子孫顯起於奸門魚尾者妻妾賢

起於口旁者主祿起於印堂者主貴起於頂心者主

成仙佛起於手腕掌指者主通神道起於乳胸腹背

臍陰者主子貴身榮起於腋下者主通神遊起於足

者主貴起於腰肩脛膊者主貴起於耳者主神聰起

於目者主神視血壼之生無位不佳至於黑壼先於

漆藏於身者亦佳而面部五官仍不宜有也

△△相飲食

飲食憑水星（口也）水星爲祿堂飲食之司也紅

潤晚朝食祿必豐黑小覆斜衣食必薄貴人飲食易

容受而吞咽無聲所謂龍殨虎食也賤人飲食多泛

溢溢而咀嚼有響所謂猪殘狗食也鼠食者天折貧

寒雀食者飢餓凍餒食能兼人地閣有托大福

之人食能兼人地閣不朝腹又無托丐食之人有食

必病皆因唇薄口小之人無安皆是唇紅齒白之輩

嚏食者因囓困口故主胃寒餓死者因口反元又遭

紋破。（凍餒紋入口、或口外多紋）服毒皆由入絕

食皆由黑氣侵放飯流歠皆是賤人嚙骨咬筋亦同

其類

第八章　痣及紋痕麻面相法

▲△相痣

夫黑痣者，如山之生林木，地之出堆阜也。山有美質，則生秀木以顯其秀；地積汚土，則生濁阜以著其痣。萬物之理皆然。是以人之骨肉瑩白而美，便生其痣以彰其貴也。人之體膚粗黑而濁，生其痣以表其賤也。至於論痣之法，亦非概論。凡大而無色者爲瘤，或大或小而不起，無色赤如珠，瑩如玉者，方主大富貴。不紅不黑者，非美器也。凡生兩足朦骨上者，謂之勞源，主奔波。兩足底下謂之寶藏。凡大高起而有毫者主封侯，大而不高者發財。左乳上之左右倉，主積蓄財穀。兩乳中間爲男女宮，主生貴男女。腹上下謂之福源，主貴生好子。臍中爲六腑總領之所，丹田之戶，名曰龍闕，又曰含珠，主多貴子孫。臍下兩傍爲左右野，主小貴。又曰凡痣天中貴位不宜居，男妨父母，女妨夫。兩耳輪主慧。耳內

主壽。耳珠主孝。耳弦主賊。山根主剋害。年壽主兵死。鼻側主疾病死。眼上主吉利。鼻頭防刀死。鼻梁主逃遺。人中主婦易。口側聚財難。口中多酒食。舌上主虛言。唇下多破財。額上主失職。承漿主醉死。高廣防二親。尺陽主客亡。輔角主兵喪。邊地主外亡。山林主虎傷。刦門主箭凶。青路主客死。太陽夫婦吉。魚尾防妻離。奸門主妻傷。夫座主喪夫。妻座主破敗。長男剋長子。中男剋中兒。次男剋次兒。金匱主破敗。學堂主失竊。兩廚主乏食。祖宅主移屋。三陽損男兒。三陰損女子。困地閣少田庄。大海主水厄。雀卵主斑。命門主火厄。奴婢主妨奴。波池主溺水。盜部主奸。主妻子難爲。作事犯重。女人傷夫剋子。天年不吉。云面無好痣。未可盡信。蓋朱熹左面七痣。乃星宿中來。名聞後世。而文王一痣當胸。生於四乳之中也。關夫子頦聚七痣。合北斗中之首出也。郭令公臍內有

痣乃龍關有珠也庚安祿山兩足底有痣刺史張守
珪一足底有痣而今人足底有痣而不驗富貴者何
也蓋相非一論守珪足底有痣而得富貴者不獨一
痣也必然眉目英秀骨肉瑩潔而愈彰其美也老祖
論痣之法最要緊著圓如珠紅如丹黑如漆白如玉
者方准其用也若大而無色小而不明雖生隱處勿
貴也

△相面紋

三三紋偃上者名曰偃月紋主朝郎田田紋偃上一
紋直者名曰懸針紋主節察武臣紋王壬字紋者主
封侯惟須四邊無有紋侵破方准一紋從天中下至
印堂名曰天性紋主卿監短而在印堂上下為懸針
紋印堂上二脈直上三寸者名曰鶴足紋主刺史短
者為殺紋三三橫紋繞者主早喪父短亂者名長而
兩頭垂下者名曰華蓋紋主孤一一紋橫而曲者名
曰蛇行紋主客死井井字紋者主員外郎生於印堂
者貴巛川字紋者主憂慮刑厄從眉根起多憂

△相額紋

論人之紋關係巨大能變凶亦能變吉紋有□□暗氣
有開閉紋理放光紋外紅黃紫氣盤繞為陰驚紋坑
必有大陰德事紋理黑氣冲出紋外鬱鬱而慘淡而
明主損陰驚凶者或成羅網或成交叉或成懸針冲
破於諸部或勾紋現於年壽皆主凶也美者為陰驚
紋或現於三陰三陽或現於玉堂天門或懸針轉脚
或帶令地關朝天紋理如銀如紫之明亮此皆主吉
紋理瑩煥明潤主老年無病而長壽紋理暗黑乾枯
為休囚無運而壽不永
文圓詩曰時人要識惡儀形交叉懸針額中生須得
眼前逐日過奈緣災害不曾停額方廣厚潤光輝定
見官榮位不卑額下橫紋終絕代額微尖小沒田廬
懸針入印刑妻位破匱侵額耀位難孝（月孝也在
山根之下）帶忍刀人帶殺若臨紫氣性無寬天下
眞理太乖期無奈生來有此儀衣食平平終日有只
緣形相損妻兒奸門亂理多淫蕩魚尾修長老不停

井字陰陽終自縊。酒池縷縷喪波瀾。眉上雙生鹿角

紋此人形體異常人若向帝廷呈藝業築壇應拜上

將軍目下竪紋爲淚垂。平生衣食只隨時眼前空見

無兒分宜養他人作義兒口畔微生兩縱紋此人必

賤不須親眼前雖有安家宅他日蕭條必受貧火星

尖狹是庸流紋亂凹兒主配凶赤脈兩條侵日月刀

兵刑法死他門。

相麻面。

形體魁梧面有麻眉清目秀更堪誇。再冀五岳相朝

拱豈是尋常俗子家目有神光麻有氣兩眉不斷多

奇異若還破印並鎖口難許崢嶸成大器

麻色忌暗滯宜明紫爲有氣精實氣固麻色麗氣散

神衰麻色枯兩眉一鼻一口一印不爲麻鋪陳間斷

方是貴氣麻也。

第九章　改相變相祕訣

▲改相訣

人面如風水。故有五岳四瀆之分。鬚眉鬢髮如山林樹木風水結穴。常有因山林樹木閉塞峯巒明堂水口諸位而不發者。人相亦如之。豈風水之山林樹木可改。而人之鬚眉鬢髮閉塞生氣獨不可改去乎。但世人昏昧不悟。動以相由天定決不可改。誠大謬矣。雲谷山人曾見有善人因鬚眉鬢髮閉塞生氣者及力行善事忽然脫去得邀天佑者。亦有善人忽遇異人點破改去獲吉者。但只可爲善人點化也。至於額尖冲印髮腳閉日月角駟馬位髮生鑽毛髮腳無分合宜改。不然則刑剋定見改則變吉。眉生箭毛髮直豎眉毛或上生角或鑽毛或粗濁壓目亦宜改。不改則刑剋定見。改則吉。眉宜配目剛柔相得乃佳

▲改鬚訣

鬚忌連鬢忌困口忌鎖喉。改則吉。不改大凶食官祿者。最忌鬚連鬢與困口鎖喉。

▲改鬚訣

鬚忌過命門。過命門者有三凶。命夭貪淫刑剋。故宜改。不改多禍相薄者得此必夭相滯者得此必困相孤者得此必刑主無子。相淫者得此奸淫髮忌連年一生無運而愚宜改不改則凶

（改鬚有五形）

金宜圓木宜直水宜曲火宜尖土宜平。若不參五行生剋之理而改易之。必主大凶善者得金乃改。不善者雖萬金莫與改也。否則必有夭殃焉。凡改額眉鬚各有分寸宜加注意也

▲改乳毛訣

乳旁之毛以一二條爲玉帶。其色軟而烏者是也。有此毛必多子。若多硬毛多剋子。欠得力又主無子求子者倘多乳毛宜將硬毛拔去復生復拔僅存近胸位者留一條。仍要黑軟者方可。如此不過五年

六六　七一

內可生二子倘色全無鳥乃軟者須全拔去亦主五
年內得三子此是祕訣改相全憑人力變相蓋由天
成也。

◎變相論

風鑑家庸許柳莊之徒往往以刑骸聲色決人休咎。
未可概論也古來有鑄形換骨去偽育眞之變凡人
頭額枕骨口齒骨質性可變而一時難變惟有氣魄精
神鬚眉肉色其變最易或遇病而更或隨心而改遲
則半年近則日月時刻皆能變也論頭額塲者卽能
長骨長肉而變圓面滿神彩氣秀骨榮疾能失神喪
氣而改容就平足論自有筋流脈縮之異就耳論焦
黑能變瑩白能潤能變焦枯就目論赤脈貫瞳能開
障復明者亦能障掩其光就鼻論端直榮厚者可
變焦赤火爍其土就鬚眉論翠秀者可變枯索散落
其丰彩疎斷者亦能復翠就齒論有落而重生瑩美
堅固亦有缺落侵破其關鎖或問曰改容變態言之
詳矣至於性格紋痣骨肉精神何以變形曰論紋者

其性極活轉折無定亦能化凶化吉者也論骨肉者
以氣血精神盛其榮枯以揣摩人精神之盛衰而辨
其盛衰察其氣魄之聚散而別其聚散故能速生而
能速槁論痣者隨人氣運而生敗凡生於顯處者亦祥

則可隱而退論氣色者得天機自動之變通或聚而
有形或散而無跡氣離嶽色朗三台者有德之氣
發祥之兆也氣離神亂者作孽之氣不祥之兆也論
氣質性格者乃有痕而無形也如智果論伯相長
於人者有五其鬚長大射御足力技藝畢給巧文辨
慧剛毅果敢然而性甚慘刻將卒族其後果如二人
謂之弟見謂心行殘忍遯湖濱赤吾族其後果殺身如二人

預叫其質性狠堅至死不能變易者也西門豹性褊
急佩韋以自寬董安國性遲緩佩弦以自急二人氣
質自能感化皆見於聖人夫寬廣正大卑璜狡猾
發乎天然故可笑可愍可善可惡亦有終身爲君子而
不變亦有終身爲小人而無改亦有頃爲小人頃爲
君子者呂尚無形篇云相有形中之形有形外之形

此二者變人喜怒之心而變隨人善惡之性而更有等堅心立品者或迷於酒色而喪行精返修德者或昏於財氣而改常只此好惡之心在人自己亦不能作主人翁焉得一相而可定其終身特在人踐形不踐形之間而難定於一相之不易之斷也此篇一問一答之法最據陳希夷問道於麻衣嘗見有子之相而相不變而無子之嗣之貌貌不更而生男壽者相而夭年無壽相而長壽福重敦厚之形形不易而遭刑天命祿盡必亡之相相不改而壽全何也答曰心生相貌以理言也吾聞古人相法以洪範五福六極爲主察其人忠孝仁義守道有恆便到顛倒造次時必改其節者吉相也必享五福之慶若人不忠不孝不仁不義而便到顛沛造次時無改其性者凶相也必受六極之刑故相人之學取其形容骨格者十之半得其變者亦半也學術者不可不知也

　　戒殺變相

陳搏相曹彬曰公邊城骨起印闊眉開目長并顯必主早貴所忌頤削口垂無有晚福凡出兵屍戮宜開一面之網彬然其言後下江南托病戒殺全活億萬民命一日又與搏遇搏曰公豈髯驛長口角頤豐金光聚耀於面目鬚眉必增祿壽矣彬問何爲金光搏曰金光者德光也其色如紫光晃亮人若陰德有感面焰金光眉焰彩光目焰神光眉焰毫光色焰祥光其氣外明而內徹不獨增壽當蔭子孫遠福壽云人無一定心而無一定相者信然也

　　東平王出獵時遇一老叟拍手歌曰人死爲羊羊死爲人無人知覺可悲可笑王問歌意叟答曰我聞蜀中之猿索其子而腸寸斷柳州之狐抱母皮而觸階死雖爲禽獸亦知天性況君相帶三殺改相爲吉王問何爲三殺叟曰如破鑼者謂之音帶殺色如昏醉者謂之神帶殺火氣買睛者謂之眼帶殺犯此三殺壽不終王問作何善事可改其凶叟曰汝爲國王大臣何事不可爲若能捨財爲一切濟人利物之事皆有厄天之力若要不費財行萬功者只要發一

言之正。有益於萬民。卽可以變相矣。王感悟積德累
功三年。復遇叟曰。殿下腹內生堅固子矣。王問何所
見而言之。叟曰。觀王神滿氣完聲音和雅目不晦而
有定光。此卽變相也。王問。何爲堅固子。叟答曰。凡成
佛作祖者。便生利子爲金剛不壞之體眉間長放
光明。積德者性根堅固腹內便生堅固子眼內必有
定光。王曰。我無德可爲。平日止因爲國爲民受人毀
謗我亦忍辱不退。叟曰。此卽性根堅固身心不壞矣。
一日朝臣讚王於帝前。帝召王問汝在家何樂對曰。
爲善最樂。帝讚曰。其言甚大。將王子孫十八人皆賜
侯印。

▲損行變相

損行變相者。如高孝標孝積。其母產二子時。駢肩而
下。不分前後。至於相貌舉止言笑皆如一。及從學造
進吟誦穎悟文墨皆如一。先生亦莫能辨。甫冠闈入
庠醫完娶父母恐二媳莫辨執爲夫。乃命各以衣履
別之。又同時各生一子。考試補廩亦同。一日兄弟二

人遇希夷相曰。汝昆季神秀異眉翠目碧鼻直口
硃耳白輪紅氣清神澈皆係科第中人物況今目耀
彩色。必主同登科第命同相同運同省由前定也。及
秋試借寓隣有麗婦少媚者私挑孝標正色拒之後
挑夷相逐與私焉累婦不得其死場事畢兄弟同見
希夷相兄眉焰紫彩眼耀文星必主觀弟之翠眉變
不中而且天絕兄驚問其故希夷曰。觀弟之翠眉變
癲碧目浮睛硃唇色翳榮蟲之鼻赤而黑巽挑之耳
乾而焦神色頓然枯槁氣冷而散此必損德變相也。
及放榜果然兄捷而弟妯伊子戲魚溺於水兄又聯
捷官至七十誕日思弟妯其子孫云叔與我駢生。論
命相莫不與我相似凶損德後祿壽不能與我相同
可不懼乎遂嘆曰。易見者相不易言者命命在天也。
相書云人之相也應天時合人事其精神之忽散忽
聚志氣之忽斂忽弛有中刑外不可掩也。故造物大
公之心竊可以罪滅罰可以功贖生心發面惟人自
造陳搏相張堯封曰君面豐枕空須防無子晚窮堯

封笑曰現有五子何言乏嗣希夷曰論汝鼻梁貫印五岳朝宗當身貴而子榮奈腦後無一地可容前後不相應也封曰常見有無枕骨而貴何以爲准希夷曰此非概論凡人耳後豐滿過於面者不必論枕骨也堯封不信其言未及三年連喪四子往見希夷論曰相人雖取骨豐爲福壽殊不知其中有破相者三〇堯封問何爲破相者三希夷曰一相腦骨雖取橫山仰目爲貴若目中無神彩鬚眉不翠秀非古相乃俗相也二相頭雖取鑾凸高起爲壽若肉不瑩稱血氣微薄者如三石之不得氣而不靈也三相面雖取骨之磊落朝拱爲貴殊不知內若無音腦骨不相應乃實而不足取也故有肉有骨而有氣者曰古而厚主貴也而壽有骨有氣而又有神者曰媚而秀主貴近君皇也又有骨而無肉無氣而剛主孤刑也無骨無肉又無神曰薄而弱主天壽也今觀君面全五山腦後單薄必須修福變相方有收成堯封遵教遇飢荒獨出資救活千萬人生命一夜夢見一神鑿開

其枕骨將三環嵌入堯封痛醒腦後不覺驟長其骨往問希夷希夷贊曰此即三台骨相應五山當大顯功名後果中科甲幼女又爲仁宗皇后贈太師

管公明相能通神管謂人曰我額上無主骨目中無守精鼻無梁柱脚無天根背無三甲腹無二壬此皆無壽相不見男婚女嫁何晏鄧颺求駱相駱曰觀何君目泛睛浮面如灰土血不華色精彩烟浮魂不守宅此爲鬼幽相鄧君兩目泛黃肉不居體筋不制肉起立傾倚君無手足此爲鬼躁相宜退而不宜進二人怒目而去駱舅叱曰此二君威權當世汝不避禍而慧言大可畏也駱笑曰如對死人言何所畏耶二人不久果被司馬懿所誅

△孝行變相

管輅出游見趙顏於田中眉間發出黑毒氣冲入命宮年壽問年十九乃本命也嘆曰惜乎少年不壽顏伏地哀求借壽之法駱南指曰汝可備淨酒一壺鹿脯一塊來日攜往南山大松樹下見有二人盤坐石

上弈棋向南座者穿白其貌甚威向北座者穿紅其貌甚慈汝可將酒脯勸進求壽切勿善我所指點次日趙顏攜酒脯入南山果見有二人在大樹下弈棋顏跪進酒脯二人隨手取食不覺飲盡顏逐哭拜求壽二人大驚知爲管輅所言白袍者取籍檢視趙顏壽限十九歲紅袍者曰雖屬管子多言此人必有天綠稽其平日行事係一孝子遂於十字上添一九字壽延九十九歲幷囑曰囘告管輅再洩天機必犯天罪顏拜謝歸見管輅詳告所遇輅曰穿紅者爲南斗主生穿白者爲北斗主死今汝面上黑氣猶如日破重雲之象必添壽矣（按此係孝行添壽）

▲作孽變相

來和子相盧杞曰君面雖藍若鬼氣魄厚而神深龍唇豹首眼露赤光輔鬚逆豎乃精獸中來者當大貴大凶之象後果居相位爲人作孽深重將罹沒身之禍往見來和子復相曰觀汝面上官星雖然未退藍氣泛白殺氣皆退神奪氣移精彩烟浮肉肥氣冷無有生色。百日內須防陰司口舌杞曰陰司事汝何以知之答曰。相中有六神之氣其中有鬼神不測之奇一爲青龍之氣其色如絳繒㫰明故紫彩之色見於三天發於子宮生貴子發於官祿財帛陞官爵發於陰隴蠶囊降天祿一爲勾陳之氣其色如朝烟和霧主家業分離一爲玄武之氣其色如晚霞映水主口官夢死亡一爲滕蛇之氣其色如草火火將灰主盜賊火災一爲白虎之氣其色如凝脂塗油主病符孝服心鏡歌云六神之氣獨勾陳玄武最凶若從天門纏於子宮必損子孫纏於福德準頭必敗家業纏於命宮必損己命縣侵四門五竅必犯天誅今觀君黑氣如烟煤色在五竅冲出君之五臟必先壞矣故知汝幽冥之難將至也杞問何爲四門五竅答曰四門乃乾坤艮震四位乃五竅乃耳目口舌鼻五官也今察君之面形容鬼躁魂不守宅身體雖在陽間其神已先歸地府急宜戢海少解其罪杞凜然嘆曰我速行好事可易

相乎來和子曰汝今罪孽已露悟之遲矣改之無益
也。

△ 行持變相：

三刀和尙遇一行禪師指曰觀汝一身似火噴頭似
瀝血此爲頭與身屍終不免白刃之患況目暴而露
眉粗而逆宜修戒變相爲吉健曰我終身守已善道
忍辱無嗔有何殺身之禍師曰不然有等相不犯凶
而遭極刑者乃因今世自作孽之變相也有等未遭
極刑而先現刑戮之相者乃因前世妄殺人命未經
償報而現刑相也便是守法無辜亦不免遭刑難矣
問師如何修戒可免惡難師云汝欲脫難必須捧誦
金剛寶號種種放生活命果便能離此惡相依言放
生誦經有年後果無辜被人牽害極刑將決時師往
看之指云汝惡相已脫身無恙矣健曰無事時言凶
凶有禍時言吉何也師云向汝之相頭與身屍變而
不接於六陽今觀汝目珠反露變而慈和正定眉粗
逆豎變而長隨蓋目頭與身屍變而血氣貫通於六

陽德光隱焰於五嶽三堂眞乃顯然相之變也後至
臨刑時連施三刀身首無傷刺史問云汝有德乎有
術乎答云皆無祇因昔日我師指健有殺身之禍早
晚虔誦般若經方悟殺身時無有我相人相衆生相
耳刺史遂免其罪人稱爲三刀和尙

第十章　女子相法

△女人善相兼有德。

頭圓額平。骨細皮滑。唇紅齒白髮香髮軟髮幼。指尖
掌厚紋細密聲清寡言笑行步緩而正坐臥端靜神
清氣和豐頷重頤背圓腰平腹垂胸闊肩圓面如滿
月乳大不垂臍深有杆身白過面齒大而齊鬢薄鳥
潤身香骨肉勻。

△女人惡相及淫相

雲谷山人曰大凡淫婦之相每於舉動行為言語飲
食之間總有一番矯揉造作處名相家一見便知凡
額高露骨結喉露齒主刑剋貧苦蓬頭亂髮主貧蛇
行鼠步主淫賤眉連髮粗主刑苦貧賤六親無靠鼻
上生節主刑剋鈎鼻露乳主淫賤貧苦目露四白主
凶有機害心兼刑剋剋孤額上多紋刑剋夫子難胸
狗肚主貧寒淫賤眼筋多而纏睛主毒害傷人凶惡
難產雄聲焦烈主刑暴妬忌剋夫無子生鬚生癭貧

賤刑剋。下唇過上唇刑夫剋子。上唇特大且厚性剛
頑硬恐肚側目窺人末講先笑行走頭鼻整衣
弄鬢停針縫眉搖身唱曲髮黃面多斑塵有眉
無威皆主淫賤人中平滿眼下肉枯龍宮冲破口如
吹火女生男相眼深骨粗唇黑口大額凸無牙皆主
貪淫刑剋面黑聲洪主淫惡兩眉豎起主刑夫見人
即笑是淫相鷹視狼顧羊殘雀步舌急口快而色青
鳥眉稜骨現陰沈不聲作事乖張行坐若思頭垂暗
點聲焦眼酷妬眼光如黯面帶桃
花面光如油口大無收拾陰戶毛如草陰戶硬無肉
皆屬淫相面滑身澀喜怒無常一搖三擺盼前顧後
坐立不定夢中多驚肉屬淫相
詩曰女人捲髮不相宜行路昂頭一字眉鼻節額高
唇又展刑夫三兩又刑兒　　　桃花滿面眼流光手擺
搖頭軟腰裝剝牙啄齒提衣領側倚門前任四元

雀步蛇行狗蚤跳○一行一步把頭搖○路上行人忙揀

面與人私約度良宵○天庭窄狹髮侵眉○頭角粗黃

口角垂眼下肉堆無肉起貧一世又無兒○女子

仰面更昂頭○口上生鬚不自髮垂眉粗腰又弱隨

軍隨賊走他州○低頭含笑是娼淫○手掠眉頭又看

身坐立頻搖低唱曲偷情男子作夫親○赤目黃睛

產育憂胸高額凹縐眉頭○口如吹火牙如炭一世孤

伶一世愁○人中平坦子難生況及龍宮有破眉

粗殺重唇色暗深睛凹額養難成○手指如搥節又

疎乳頭不黑受奔波臀重無腰行步急不爲娼嬌亦

姨婆○口小齒細眼微微足動頤搖聲又嘶斜視頻

嘻鼻孔仰貪淫好色老須爲○面無華色聲又破額

高髮重夫先過縱有兒孫恐未眞性情堅硬急中錯

▲女人七十二賤相（若犯一件必有私淫）

兩眼浮光桃花之面皮白如粉血不華色肉軟如綿

皮滑如油而多班點眼角低垂末語先笑搖手擺頭

面帶兩削而全兩陷面肉堆浮眼露白光一唇自動

口角生紋鵝行鴨步側目垂頭斜視偷觀自言自語

臀嬌胸高腰細肩寒臍凸近下乳頭白下皮縐如紗

面大鼻小額尖脚搖搖齒白不齊唇白不厚唇靑如靛

笑若馬嘶一言三搖一言三斷語言泛雜頭大無髮

鶴腿鱉腰行如雀步談笑頻阻矯臀無腮見八掩面

身如風草柳陰戶無毛獐頭鼠耳縮頭伸舌托腮咬指

陰毛如草長面圓睛剔齒弄衣嘆氣伸腰陰戶惡臭

頭下過囘頭頻顧坐不安穩鼠齒鬼牙性情多變

舉止癡迷站立偏斜額廣鬢深毛上生毛舌尖唇掀

如馬換蹄長身短項鼻仰朝天眼閉眉蹙蛇形鼠窄

項細肩寒指短腰偏飲食無盡無事自驚頭偏額窄

背陷腹小夢中長蹄

▲女人卅六刑傷廿四孤

三十六刑傷考黃髮拳髮睛赤睛黃獨額生面額有

旋螺額高面陷額有紋痕印有懸針少年落髮骨硬

皮急面長口大面瘦生筋面生三角耳反無輪面尖

腰窄面滯如泥山根低陷地角偏斜項如角節聲大

如雷。性急如火。神濁氣粗。天大地小。白氣如粉。年壽
起節。肉冷如冰。粗骨大手。肩背偏斜。眼大眼圓。喉結
齒大髮硬。骨硬夜睡多呼嘴如吹火。鼻內生毛。骨起

腮高命門骨高。面如雲母(色如粉也)

女人有二十四孤。乃貧苦之格。犯者夫星子息難言。

二十四孤者。無眉不立(不立不生子也)聲破不
立。三十前發雙目深陷。鼻陷深低。雷公吹火。臍小淺
凸股肱無色。髮不滿尺。腰圓三圍。乳頭不起。肉浮血
滯肉重如泥。一面滯色。皮薄骨細。肉多骨少。三陽如
墨無腹無臀。有額無腮。地大天小。形類男人。面尖耳
小。唇白舌青。陰陽混雜(眼乃子宮黑白不明者亦
屬孤相之一)

▲女人七賢四德

七賢者。行步周正。面圓體厚。五官俱正。三停俱配。容
貌嚴整言語不泛。坐眠俱正得其一主夫明子秀
四德者。平素不與人爭競苦難之中無怨言勤儉持
家節飲食聞壽不驚能尊敬四德俱全必生貴子

女人以血為主男子以神足血足皮
厚皮寬肉實骨正自多福壽詩曰血衰皮急命難全
皮薄乾枯壽不堅若是皮寬并血旺須信松筠福壽

添

▲麻衣女相論

男性屬火女性屬水故男人太剛不宜太弱更不宜。
女子宜柔太剛不宜女相總論十二宮五官六府三
停然女相內中止取五件為用性定終身成敗眉主
壽算鼻主夫星口乃子星眼定貴賤凡觀女相先看
鼻準為夫星若要收成子貴還須唇紅齒瑩子息成
名必定鳳眼龍睛旺夫起創還看一面無虧六削三
尖豈能與家立業。面如瑩玉。何愁不產麒麟與家之
婦定是三停得配享福之人必然額正眉清面大無
腮血旺無氣休言福德血和氣深眼中藏秀必產貴
兒眼大鼻小豈是旺夫之女目正神清可配良人之

妾

凡女人以血為主皮乃血氣之處血乃皮之本看皮

色可知血衰血旺皮明血潤皮潤血赤血枯淩黃血濁皮
黑血衰皮白血敗濁則賤靑則淫衰則天滯則貧故
此血宜鮮明表裏明潤可爲貴八之妻與母矣小兒
開聲無韻主賤女子閙聲無韻主貧女子髮少血滯
不宜肉浮又不宜男子神足氣旺相宜不相宜
男人要目淸女子要髮厚男人眉細主得陰人財帛
女子眉細定旺夫家女子掌上細紋耳中巽桃方言
多子

△許負女相論

許負論女篇有十忌卽性忌剛暴心忌嫉妬言忌虛
浮語忌刻薄神忌不藏氣忌淺露色忌靑徹血忌焦
赤事忌習巧行忌不常
又云一曰刑而惡者氣濁露神赤目貫睛浮筋露骨
面肉橫生結喉齙齒遍體粗毛鷄胸鴨背馬面猿睛
三陽肉毫年壽起節目露四白聲破如鑼性急如火
犯此相者半刑夫子半刑妻二曰貴而善者目正神
安氣靜容舒鬢髮如柔眉細如畫瑩齒如玉掌紋秀

錦肉瑩骨秀口小方正笑不露齒行步徐緩坐立如
山此爲命婦三曰貴而淫者目光浮水面泛桃花齒
白如雪眼黑如漆面靑徹骨見人掩面未語先笑一
語三斷一步三搖伸頭縮舌托腮咬指剔牙弄帶掠
鬢整衣側目垂頭偸視坐立偏斜性情多變合
此相者牛爲姬妾半風塵四曰貧而賤者獐頭鼠耳
鶴腿鷺腰高胸薄背凸乳蹻臀赤面烏唇焦牙鬼齒
希眉脫髮鼻仰斜長頸結喉闊嘴灘唇酒食無盡
有此相者不爲奴婢定作姨娘婦女之貴在乎動靜
有恆喜怒有節平素不與人爭競苦中無有怨言
不淫妬不輕躁幽閑貞靜眞乃塵中貴婦有等手如
柔荑膚如凝脂蠶首蛾眉巧笑美目性不柔和熊心
嫉妬何足取哉且如無鹽女白頭深目仰鼻結喉凸
胸折腰四十而未嫁短褐獻策齊王曰婦人貴任德
生威儀不在嬌媚態度遂納爲后故論女之性若
得三從四德之賢縱犯五刑十敗之相亦不准其凶
四德者婦德不必才絕異婦工不必精巧過人婦

容不必顏色美麗婦言不必辯口利調。

▲雲谷山人女相八字訣

一曰敬。一見可敬者貴壽而多男。(敬者有威有媚有態精神端肅聲音和諧坐視平正得純相之氣故也)二曰重。一見可重者貞潔而福澤。(精神肅穩言語溫柔舉止端莊腰圓背厚面方胸闊聲清重頣言語溫柔雅淡肅然有不可犯者)三曰喜。一見可喜者邪蕩而易誘。(多風流媚態令人有所思也)四曰輕。一見可輕者貧薄而賤妖。(行若蛇坐若斜語凝笑意情奢)五曰畏。一見可畏者剛強而欺心。(聲殺面橫額闊顴高雀步蛇時似男子氣象)六曰恐。一見可恐者刑剋而惡極。七曰惡。一見可惡者醜陋怪臭。硬(醜者蠅而龜胸唇掀齒露眼白多鼻孔仰行如奔聲帶破此之謂醜陋者擺手搖頭咬指斜行仰面偏額衣不稱體此之謂陋怪者額高眼深髮短指齊目凹唇饞臭身臭口臭陰鼻狐鼻也硬者骨硬心腸硬聲音硬此必男轉女身)八曰駭。一見可駭者

螺紋鼓角脈也。(螺者陰戶內旋有物如螺紋者竅小實大也鼓者無竅如鼓角者陰內有物如角則陰挺挺也脈者一生經水不調及崩帶漏下之類)

▲產育生死吉凶

女人面赤黑定知有產厄唇齒不能蓋產中多事故。女人面上黃懷孕必安康左掌青紅生男右掌青紅生女明豔生產易枯稿難生育左脚先動男右脚先動女回顧左分左右三陽青色子如若三陰紅又決是生女婦女過於肥者主無子過於瘦者主刑剋過於高者主刑傷眼露唇掀齒露主產厄掌中震位黑亦然。

第十一章　小兒相法

△麻衣小兒相法

莫道嬰兒無相出腹便知一生大道凝成有三般精能養血冠衆體氣以養形而化成神者妙萬物而爲言者也小兒以氣血精神爲福壽以日月五星爲曜用也凡眉骨連鼻兩目光明方言成器六府削五官薄斷不成名五岳朝四水淸決無短壽眉淸目秀者必不窮天削地空厚氣旺者富而且壽骨弱氣薄者不得安榮天削地空少年多困紺髮硃唇壽元亘長山嶺破色若昏破敗之子頭若圓額若廣現成家業神如電聲如需貴爲侯伯

神鑑云凡觀小兒之相雖取五岳其實先看三嶽爲主何也胎格未成三岳可以鎮定一身之禍位故小兒生下三岳乃一出胎所成何者爲三岳曰額爲南岳管幼歲鼻爲中岳管中年地閣爲北岳管晚景三岳中如一岳不成然其難養縱大亦多敗所以論三岳中南岳高少年多福而好養中岳高中年大成家業而易養地閣厚而晚景生多福壽故天高主貴地厚主富人位強上岳低妨父母中岳陷敗祖基下岳空一生窮三岳全而兼骨秀肉瑩氣象昂然兩目有眞此乃尖削刑傷地薄貧賤鼻尖多敗凡嬰兒易養者睛能轉盼胎髮齊眉啼聲悠揚臥息安神不但好養定當大貴龍睛鳳目鼻骨連山貴當極

△呂祖嬰兒相法

小兒易養者頭腦骨連神足神安氣寬氣厚色藏色秀髮靑髮翠骨紫骨靑肉實肉香眉淸眉秀聲淸音遠形厚血旺腹垂背厚唇紅齒瑩鼻直準圓皆主貴壽

難養者頭皮急三歲關面大無鼻一歲關疏髮稀黃

相法祕傳　第十一章　小兒相法

十歲難全皮薄露筋貧天可知氣薄閻週歲不全
沒有脚根難過三春聲絕復揚一週難保肉重如浮
唇薄如紙一歲必死耳後無根眼內無肉不滿三春
鼻無梁骨縱大無成頭大頸細五週不備雙目無神
五歲有厄腹大腿小三歲不了眉散骨散三歲而死
眉散齒早定然少亡頭尖鼻薄五歲防厄眼昏如淚
不天孤貧通仙錄云童子取氣旺童女取氣藏男子
取月秀女子取眉清古云眉者媚也女子眉細有彩
目長有威可許貴郎鳳肩鳳頸鵶目可配君王大
概眉細目長準圓額平四者爲貴故女取肩圓背厚
項長鼻直爲良項短髮長背陷額高爲刑傷按女子
十三歲血足男子十六歲骨成凡人一結胎無有不
得天地之氣而成形者得正氣而成者骨秀而神清
得邪氣而成者骨粗而氣渴然從修行中來雖有佛
性不離佛相從作孽中來雖爲人相不離獸性有根
器者目靜目明骨清神澈精液充足頂圓頂平腦枕
豐厚鼻梁貫印堂硃唇玉齒掌紋如錦澤腹方臍囊

若荔實此等之兒不貴得貴不富得富積德之家生
此兒易養易成無福者生此兒亦必天死矣無根器
者頭上之骨顖門不合啼聲散亂掀唇露齒目迷腦
空鼠耳羊睛眼如黑豆肉若羊皮指如鼓鎚聲若破
鑼此等之兒不貧自貧不刑自刑薄福者生此兒易
長易養厚德之家生此兒反主天亡觀此相法根源
無不了然矣
古人有言三歲知八十相法上論骨格部位爲主然
而小兒行藏叫跳便識將來五官俱正兩眼如星大
貴之兒髮青骨紫福壽之男一出胎而目有神眉細
緊髮紺翠易養少病一下地而髮不連眼無
神愚而難養眉高耳高必然聰俊眉低耳低不成格
局眉高鼻高現成家業眉翠眼秀文貴之兒色若暗
覆敗之子氣若明與旺之兒全鏡蕭曰耳輪薄反少
多疾厄頭圓項平愚頑少壽富貴天生睛能轉看人聰明有祿
骨軟腰無力

▲柳莊嬰兒相法

在腹先知男女。(解曰、男胎動必停勻。母雙眼下白

瑩準明印潤女胎眼上青暗又主難產凡男胎抱母

女胎背母或上或下為天胎或左或右為壽胎貴胎

動必停勻自無毒賤胎腹內多動母常有病廣鑑

先生曰男胎母氣足神常清女胎母氣不足神多亂

平常聲清懷孕必生福壽之男平常聲濁懷孕必生

孤苦之子唇白多產難臨盆宜安靜大富貴者胎自

安賤者胎亂動壽者母必安天者母多病壽者母印

紅天者母唇白貴者母精光賤者母神散)

臨盆可定日期(解曰印堂紅主丙丁日火旺必生

男準頭黃主戊巳日土旺必生男水星口角明主壬

癸日水旺必生女雙顴明主甲乙日木旺必生男天

倉下庫明主庚辛日全旺生女必難產生男可安康

滿面暗色不開還有幾日只待何處明方許臨盆忽

然一明復一暗必死無疑女人臨產之時看右手心

紅在乾宮生貴子紅在坎宮生富子又好養掌心為

明堂紅潤必生福壽之男若是青色必產敗家之子

莫道嬰兒難相一生出腹可知(解曰凡下地小兒

紅黑為妙白色主月滿身亡身生白瘤滑如糊因臨

盆前房事多主多疾更有七件好養男兒頭髮齊

眉好養多福利頭皮寬好養大貴鼻孔出氣閉口睡

好養鼻高唇紅厚好養有神啼聲先高後響大者好

養陰囊大縐黑而有弦者好養有二十一件不好養

面大無鼻樑一歲關頭圓如鷄一週難

死睛如黑豆身不滿週睛圓如鷄三歲關鼻樑不起一歲

綿三歲不全沒有脚根難過二春身大後小一週難

保肉重如泥骨少必天穀道無縫難過一春唇薄如

紙一歲必死耳後無根不滿三春玉枕不成能言而

亡沼有輔弼只好二七(其骨在髮邊如無此骨主

十四歲夭)肉多骨軟頭大頂細一週不滿雙目無

神不過三春眼如含淚只好二歲頭尖又薄五歲逢

厄腹大肚小三歲必了髮黃又疏二歲而死無眉齒

早三歲而死一週內生齒主好養一週外生齒主大

貴五六月生齒者主夭死上齒先生者主聰明而妨

母○凡小兒頭頂宜平○耳正兼硬聲高氣足神爽方好○
此爲相嬰兒之大概惟不可拘泥而論○苟生上破相
之一而另有其他好處或係命好祖德厚卽可逢凶
化吉本來成人之相不尙執一而論何況嬰兒稍長
卽變更論下斷語也○

二○日知一生三歲定八十○（解曰、二日知一生者、小
兒下地○初乘先天之氣極驕後來乳足好養肥胖
變相轉譽難看在初生三朝內若唇紅且厚者必貴
耳硬者貴睛黑轉看者必貴唇薄不爲妙○
自動大來有力善武睛黑轉看者必貴唇薄不爲妙○
自能動頭者是能人啼叫無力者一生不如意三歲
定八十者蓋言三歲已不食乳好看五官六府三停
骨格性情之賢愚自見小兒精壯神足一生病少寐
時口合語不露齒乃福壽到老之相俗說三歲定老
相上原有此說二歲之童汗宜香聲宜淸響眉宜黑
髮宜黑細黃細亦不妨耳低百無一成髮生角主愚
賤生天停主賢貴大槪相童之法以神血氣骨皮爲

五刑之理神欲淸血欲明氣欲和骨欲堅小兒骨欲
硬大人骨欲軟皮屬土故稱皮土皮爲臣骨爲君君
臣欲配皮骨欲勻皮厚骨少少年亡皮薄骨高少云
死此五者有一件非貧卽天○

人從少長看童相爲先骨格未成五六三停可定○
（解曰此言小兒不可不相凡小兒大槪先看刑體
凡眞氣象昂然此乃大成厚者有壽薄者有知天削
刑傷地削貧賤睛黃愚頑鼻小夭敗頭偏尖不成器
耳低反必窮途小兒骨格雖未成但五官六府已成
多狂破而晨淫神散多狂僧道耳低必定窮途神散
不可不依理細看何一官对何一處不好一生全要
以頭爲主天停不好一生不妙不成事人言過此方
好乃是亂道○

嬰孩童子各有一說○（解曰此言不可一槪而論凡
三歲爲嬰孩相神氣不相五官十二歲內外爲童子
還相五官六府三停十三歲官爲主不可以乳重論
閨女童女另有一相○（解曰嬰女之相與男不同忌

天庭高額骨聳聳大晴大眉重性躁此數件俱主妨
母少兄弟又主破家十歲為童女忌聲云殺夫
三額高額不平欲知三度改嫁定然聲如男子相女
之法和潤色明為妙第一件忌齒白細尖黃大疎稀
大概貴男無賤骨貴女無賤齒女如齒白尖細多淫
少子○

先言三岳乃出胎腹所成（解曰、額為南岳地閣北
岳右額西岳左額東岳鼻為中岳此乃五岳小兒何
以先看三岳蓋因額鼻閣乃面部三停已成獨
額骨還未成凡小兒最要此三岳中正不塌為上如
南岳高（額也）多福利少災好養中岳高（鼻也）成
大器好養北岳方圓隆滿（地閣也）主有大富凡上
高主貴地厚主富如一岳不成者難養卽養大亦是
敗子上岳低則好父母中岳陷則敗祖基下岳削則
一生窮困此皆不足之相也○
次看五官誠恐後來更改（解曰、凡小兒不可以面
上為驗恐後來有改換之處難看貴賤只看神色氣

肉四件）
古相多般豈能遍讀今時氣數難依古書（解曰、古
來有名相家極多如麻衣希夷呂祖達摩鬼谷等人
諸先賢共有七十三家相法論理各不相同後宋人
著為人相編總云相有萬般難逃生剋之中面有百
美只恐變換於後觀相不可認真論斷還宜動察一

俗例小兒不看相卽是故也」）今時天道南行運屬
下元甲子（此係袁柳莊先生之言時在清初乾隆
時代故稱下元甲子）非若古人氣壯身强生得神
餘肉厚今人多薄削枯乾者內中偏有大富大貴推
原其故一因世弱人稟薄不厚二因積陰德於世大
則救人性命小則振人困苦修德積福相亦能載
厚福矣柳莊先生深恐俗相家空費心神不知訣法
特用硃筆作此心鏡立書授塔以廣其傳
小兒頂平眉重皮寬可言好養（解曰、凡小兒頭小
必不成人尖頭大來不成器故要頂平為主肩輕無
壽大人欲眉輕小兒欲眉重皮寬者必然好養皮急

度成雙總之女相以細眉長目準圓額平為妙
背厚必項長為貴項短髮長必有三郎耳反額方四
闊三寸半豈有一寸之目不過細長藏秀為妙肩圓
目女人可許配君王古人身長而眼大一寸今人面
四歲之時最喜髮黑耳正眼秀書云鳳頸鳳肩黛鳳
少女髮黑暗長耳正可許貴人（解曰、少女乃十三
者性亦急定是難養十無一生。

第十二章　古人觀相精論

△劉邵相法九徵

相人物之本出乎情性性情之理甚微而玄非聖人
之察其孰能知之凡有血氣者莫不含元一以爲質
稟陰陽以立性體五行而著形苟有形質猶可即而
求之蓋物生有形形有神睛能知精神則窮理盡性
性之所盡九質之徵也故如平陂之質在神明暗之
實在精男怯之勢在筋強弱之質在骨躁靜之決在
氣慘懌之情在色衰正之形在儀態度之動在容綏
急之狀在言其爲人也質素平淡中睿外朗勃勁植
固聲淸色懌儀正容直則九徵皆至純粹之德也試
分論以明之
一曰觀其類族以識英夫草之精秀者爲英獸之
特羣者爲雄是故人而聰明秀出爲之英胆力過人
爲之雄此其大體之別名也然而英雄豈易言哉必
焉聰能謀始明能見機胆能決之然後可以謂之英

張良是也才氣過人勇能行之智足斷事乃可以爲
雄韓信是也故英可以爲相雄可以爲將若一身兼
之可以長世矣
二曰觀其奪救以明間見可憐則流涕將分與則
怪嗇是慈而不仁者睹危急則生惻將赴救則生
畏怠是仁而不恤者處虛義則色厲顧利欲則內荏
是厲而不剛者是故不仁之質勝則伎力爲害器貪
悖之性勝則強猛爲禍梯亦有善情救病不主爲害
雖傲狷無傷善助著明雖嫉惡無害救濟過厚雖取
人不貪也
三曰觀其感變以審常度觀辭察變凡事不度必其
有故憂患之色乏而且荒疾炎之色亂而垢雜喜色
渝然以懌愠色厲然以揚妬惑之色冒昧無常其言
甚悅而精色不從者中有違也其言有違而精色可
信者辭不敏也言未發而怒色先見者意憤溢也言

將發而怒氣送之者強所不然也。

四曰觀其至質以知其名凡偏材之性二至以上則令名生矣氣清力勁則烈名生焉勁智精理則能名生焉。

五曰觀其所由以辨依似。是故輕諾諸似烈而寡信多易似能。而無效進銳似精而去速訐施似恵而無戒口頭似應而心非面從似忠而退違此皆似是而非者也亦有似非而是者大權似奸而有功大智似愚而內明博愛似虛而實厚正言似訐而情忠。

六曰觀其敬愛以知通塞蓋人道之極莫過愛敬是故孝經以愛為至德以敬為要道愛敬之誠動獲人心者也。

七曰觀情機以辨恕惑夫人之情抒其所願則喜以自伐歷之則惡為君子則犯而不校小人願人之順己也以偊愛敬為見異以偶邀遊為輕浮苟犯其機則深以為怨。

八曰觀其所短以知其所長有短者未必能長長者

必以短為徵也故精欲深微質欲懿重志欲弘大心欲謙小精微所以入神妙懿重所以崇德宇志大所以勘物任謙小所以慎咎戾也

九曰觀其聰以知所達夫智出于明明之於人猶書之待白日夜之待燭火其明益威者所見及遠之遠之明賴是以守業夫勤學未必及材而材藝精功未必及理而理義辨給未必及智而智能經事未必及道而道思玄妙然後乃用各自獨行則仁為勝合而俱用則明為將是以觀其聰明而所達之材可知矣

▲范文園流業論（尚有體別論義理深奧非初學所能了解故從略）

夫人流之業各有別焉雄略高廣包容可法是謂器度之家藺相如黃叔度是也建法立制強國富人是謂法家管仲商鞅是也思通道化策謀奇妙是謂術家張良范蠡是也兼備三材其德足以厲風俗其法足以正天下其術足以謀廟勝是謂國士伊尹呂望是也兼有三材而三材皆微其德足以率一國其法

足以正鄉邑其術足以權事宜是謂器能能子產西門
豹是也兼有三材之別各有一流風節之流不能弘
恕好尚譏訶分別是非是謂藏否許邵是也法家之
流不能創思遠圖而能受一官之任錯意施巧是謂
伎倆張敞趙廣漢是也術家之流不能創制垂則而
能遵用權權智有餘公正不足是謂智意陳平韓
安國是也凡此八業皆以三材為本故雖流派分別
皆為經事之材也能屬文著述是謂文章司馬遷班
固是也能傳聖人之業而不能幹事施政是謂訓詁
毛公貫公是也辨不入道而應對資給是謂口辨
通淳于髡是也胆力絕衆胆略過人是謂曉勇白起
韓信是也凡此十二材皆取其意察其性定其質也
主德不與焉

文園先生曰觀九徵之法重在器骨材品為要古
來安天下足百姓無不重人材人品也材品何以
辨凡貴視其不傲審視其不驕達視其不恃窮視
其不卑貧視其不取如師德之薦仁傑蒙正之舉

夷簡關公之封亞夫之輕王郎其一端可知其
生平而材品昭然若揭矣

△范文園傲相論

傲乃相中之最忌貴人敗相多由於傲千罪百惡皆
從傲上來如象之不仁丹朱之不肖未常言相惡皆
只是一傲便結果一生故子傲不孝弟傲不悌臣傲
不忠謙字乃傲字對症之藥堯舜之臣非但是外貌
卑遜而且身心相應允恭克讓而謙焉得不到忠孝
全名又如周公見士一飯三吐哺一沐三握髮之謙
敬不傲慢人者溉大器也貧儒傲骨固不可無然傲
而妄大又不足取且論相之法大局看氣魄小局看
精神大局之氣喜然不變其神不易其急舉動如滄
海之波瀾漩漩而露小局之器舉動輕狂作事淺露
妄特才品為萬人杰睥睨不可一世且如班仲升之
投筆自有近功遠路之學問又有虎頭燕頷之貴骨
故得揚眉吐氣也今人但習其氣概而無才量品行
奇神異骨妄想學步班超東施效顰不值知相者一

笑耳。

張蒼求許負相曰。我口不生齒。恐防天壽負曰。胎氣所成。又在次論蒼曰相經有云。齒乃百骨之餘精壯則堅衰弱則落。可辨筋骨之盛衰。可驗壽命之長短。我口不生一齒焉得有壽負曰。相中雖取此爲嘉然而論人之壽尚有七法。一日眉高二日耳厚三日年壽豐滿四曰人中深闊五曰齒牙堅固六曰聲音遠震七曰神氣充足通仙錄云。有形不如有神祕訣云論壽最要者心修心則壽自可延也。故老子曰世所難定者唯壽焉張蒼後爲首領時曾救九郡生靈事後官至宰輔壽百歲時看子孫形相嘆曰我爲顯官數十年兒孫輩佔盡世間便宜今雖目擊五代形貌一代鄙猥一代世德漸薄恐後不燃桓溫生未期月溫嶠見之曰此兒伏犀骨三路貫入天梁邊城骨週圍四起能載岳瀆有此奇骨可使試啼之聞溫聲謂伊父彝曰此子精氣神與聲音相應五山眞英物也以溫嶠所賞識遂名曰溫及長果有孝概目光如

電使人不敢仰視。自以雄姿似宜帝視劉琨之儔肆意妄爲劉琰相之曰。觀其眉如紫石稜鬢如蝟毛磔乃孫仲謀司馬仲達之流。但嫌其氣露不守神陷不收氣魄精神威儀盡露骨髮形局規模盡張所行傲妄志大言大他日恐有滅族之患書云有此炎炎英杰之相便是傲大相亦常耳蓋傲寫貴人尤忌小人之傲其禍尚小大人之傲其禍更大公能斂之祿壽何憂不遠乎溫後北伐還得一巧作老婢即劉琨之妓也溫而泣溫問其故老婢曰觀君面甚似劉琨氣旺而威露形甚似婢君形貌甚似神焰而無守眞鬢甚似恨有紅光而無紫彩聲甚似恨無條音而直暴細察君相雖不及劉司空亦可作一極貴之臣也溫撻冠解衣而怒曰大丈夫豈在人下後不竟其志而滅。

論人質性忌乎傲然而浮躁淺露與執滯沾戾者亦忌凡人形體魁梧血不華色氣質暴戾若不遭刑於

中年恐當孤疾於羣歲蓋容貌者有形之道氣質者
無形之道執拗即惡氣之始而復張者也故相中最
忌疾生於戾氣怒出於沾戾所以論性格氣質沾戾
者多病而天氣清而神短者聰明而天氣皆而神寒
者孤貧而天氣亂而神驚者癡疾而天氣浮而神奔
者敗家而天氣暴而神泛者禍侵而天氣執而神戾
者無子而天是故執拗浮躁者一生之病根也

▲古人觀相彙編

【陳摶相呂蒙正子姪】　陳摶受麻衣教預能知人。
太宗召見謂擧臣曰摶獨善其身不干勢利所謂
方外之士也遣內使送至中書官舍宋琪呂蒙正
延入問曰先生得玄嘿修養之道可以敎人乎曰
摶山野之人於世無用亦不知神仙黃白之事吐
納養生之理非有方術可傳假令白日升天亦何
益於世今主上龍顏秀異有天日之表博達古今
深究治亂眞有道之聖主也正君臣協心同德興
化致治之秋勤行修煉無出於此宋呂以語奏帝

卽賜號希夷先生蒙正以子姪扮僕求摶相摶曰、
二子神骨秀異豈爲人下者蒙正以子姪告摶
曰觀君郞眉如刻畫眼如曉星翰苑品也觀君姪
氣魄廣大眼有龍威必爲國柱後蒙正三居相以
年老告歸仁宗問曰卿諸子孰可用對曰諸子雖
爲翰林皆不足用惟姪夷簡職雖理刑氣度宏遠
乃宰相才也帝遂命爲相.

【袁天罡相婁師德】　天罡相婁師德曰君方口博
脣必是賢人後果爲相復問天罡曰是時羅織紛
紜吾能善終否天罡曰觀君氣如秋雲色莊而溫
者貌能拜相德能絡相何憂耶仁傑隨師德師
德雖知仁傑輕之寬中容德並不以私屬公薦爲
相太后問仁傑曰師德賢乎對曰臣嘗同寮未
聞其知人也太后曰卿識德知人乎對曰臣同德所
謂知人矣仁傑出朝嘆曰婁公盛德我不得窺其
際也是時羅織紛紜久爲相卒能以功名終其身

【表行儉相王楊盧駱】 王勃、楊炯、盧照鄰駱賓王
皆有文名裴行儉曰士先器識而後文藝勃等雖
有文名浮躁淺露難成遠大之業惟炯稍沈靜應
得令長餘能令終爲幸矣後果王勃溺南海照鄰
溺潁水賓王被誅惟炯得終盈川令行儉一言而
定四人之終身非行儉之有慧眼乃四子之無慧
性也

【李承之相王安石】 王安石爲鄞令時李承之相
曰面美瑩潔乃清貴之器也但嫌黯汙其潔耳用
園蔓洗之必去安石曰天生黑痣園蔓其如予何
李退語人曰論安石器宇動作令人不可及但言
爲而辨行僞而堅心性執拗無通若居三公必誤
天下蒼生炎相中取富貴者不在骨格定在面貌
而今重在言語如何定人品位且如孔子觀文章
便知人精神聚散蔡中郎聽琴音便知其心帶殺
亦有觀洒掃進退知其興廢亦有觀行住坐臥知
其明心見性但論語言情態不能辨貴賤也

【許邵相曹操】 許邵二見曹操言語便決其爲治
世之能臣亂世之奸雄夫面貌者相之表也言行
者相之裏也利人之言美如珠玉害人之言銳如
刀戟言狂者必敗名之機也言慈者保家之
相也言虛浮而不實者鮮克有終言慧而思奇者
直也才士也言愼色眞淡泊寧靜其所遇不論窮
達安頓自然者有德若子也言語奸深窮事情
議論風發旁若無人者不可與交也恃才調而雄
辨矜誇倚富貴而驕慢傲妄者無論貌相英異骨
法瑩美無有不敗家喪名者也凡人生處有陰隲
相有全體不足以蓋一端有一端可以蓋全體者
論相須合天心天倫爲應廣鑑錄云相外更有十
成一曰五岳齊二曰六曜明三曰笑語和靄四曰
聲色深秀五曰接對無僞六曰行歷光明七曰氣
度有容八曰言忠行篤九曰富貴不淫十曰貧賤
樂於孝何愁功業不成

【一行禪師相郭子儀】
郭子儀初在行伍時李白

在哥舒翰座上見之曰此壯士眉長入鬢目光射
人面起重城聲响隔山皆聞此乃形神骨力有餘
他日必位極人臣時儀爲牙門將後建大功歷諸
道節度同太白出師遇一行禪師求問終身曰
人雖具足形來自無形其本來面目無中生有今觀
君身分足實氣象廣大得配五合之局他時身崇
聲譽同太白問曰何著爲合師谷曰上相
之士不相身面其意亦同相雖取耳目口鼻與倉
庫額面關鎖之有情其意實在天性天倫配合者
爲重所以論面雖忌灘輪反勢鼻忌山斷折目
忌赤陽反照眉忌間斷逆流粗硬立豎鬚忌毛短
反插海底蓬松至於行誼薄劣奸詭不正者皆爲
逆反不台之局主一生多成多敗觀子儀骨正直
而有陰陽言正直而有剛柔得天地相合氣視瞻穩
而聲音清體貌重而行步舒得天官相合氣溫粹
而有光華色純淨而無瑕疵得天心相合識量多
而權亦重度量大而貌可親爲天機相合敬上下

而懷忠義愛百姓而足信行此爲天倫相合有此
合天之相一生凶災難入其身福壽永終矣後果
年將及百功高天下

【無名氏相直不疑】直不疑爲郎官時因有償金
之德皆稱爲長者曰觀君面貌短促鬚髮渺
禿官卑而終困於貧觀君氣度器量足以蓋生平
之人品也不疑曰我嘗聞富貴窮辦之以相何
以取器量耶曰面貌列百部之靈居然而性格
氣度可以定人之一生作用也面方耳大相貌全
福無有容貌何足取哉且如鼻陶色如削瓜削瓜
者言其貌之嬌嫩而氣薄也論相主人天壽無福
乃鼻陶身爲士師頤壽何也伊尹面無須鬚無須
廢者眉禿類言其疏也論相主爲人六親無情君
臣不合乃伊尹君臣一德何也傳說身如植鬚植
鱔者言其身如魚鱔直立無有下部也論相主爲
人無頷收成乃傳說子孫富貴何也此皆似孔子
論澹台滅明之相雖無君子之貌而有君子之德

九〇

不疑後果為御史大夫。

【袁柳莊相徐輝祖】徐中山王長子輝祖問柳莊曰吾不欲承藉先廕自當創業可乎柳莊曰視君氣概冷而剛介可取視君容體柔媚無威而氣驕視君之鼻有伏犀貫頂之嫌恐難定其功業輝祖曰論我家世料無刑險之患有何難定柳莊曰不然酒色財氣雖非相法實係相法敗倫喪節損名害命莫不由此而變態也惟古來有大力量者能輕其財遠其色不嗜酒不使氣勞其筋骨餓其體膚乃創業器也輝祖曰論我體雖經霜雪之練似也論我鼻中有不足之嫌恐未必然伏犀貫頂相家常許侯王之位如何言凶柳莊曰相家但知有伏犀貫頂之處不知有準空竅露之危相法與看地尋龍相似伏犀貫頂卽天中發派之處鼻乃孔開露卽來龍洩氣之所也輝祖曰予常見有鼻孔開露未見其凶何也柳莊曰相非一論其人必然額不高隆山根低狹來派不弘縱有飄泊之患

亦無大患有鼻梁貫頂準頭開露大忌然自有守真神可以鎮不准其凶惟君之相雖有貫頂之貴忌乎竅露眼晦運交其位壹禍為幸後柴坐獄死。

【王戎品相山濤布衣】山濤布衣家貧謂妻韓氏曰忍飢寒我當作三公不知卿墯作夫人否韓氏每見竹林六友皆賢達有容不知何所重朝夕皆仰止於濤韓氏竊聽其談文論事方知其夫度量足以包容六人矣王戎品曰濤雖貧竊容姿態度澄澄絕俗可觀若登高山臨水幽然深遠真大人相為禮部時器宇不更仍然與未達時無異後為吏部尚書猶如一未遇書生此種器量未易識也韓氏預能品識濤器量在六人之上可知古人作歌器者中則正滿則覆且如羅隱一言而傷天地之和貴骨盡易功名限於其器者也故相人雖論五官成六府就者為厚而有福然亦當察其形之厚薄而定相之厚薄也情薄易坦桶薄易裂八薄易敗理之必然也有等未至高位預作富貴性實

浮華揚爲沈重妄矜才智倨傲尊長乃薄相也。喜
近匪人擴遠有德多憎冬愛難事易悅亦薄相也。
意趣迫促窮見事情聞過輒喜忘人恩羞貧賤。
交輕變鄉土語音破相也。如張彥澤之異表英眸
形是吉而向凶乃凶也。澹臺滅明之目爆齒張形
是凶而趨吉乃吉也。故觀相必須識其形察其變
豈可妄下斷語耶

【一行禪師相裴度】
師謂中立（裴度字）曰相汝
眼光浮外縱紋入口。須防餓死度一日游香山寺
邊婦人三帶之德復遇一行師曰汝位必三公矣。
度笑曰一月前相我當餓死一月後相我云位必
三公師曰相汝之面須防餓死相汝之心還當極
貴度曰但見有相面者未聞有相心者師曰七尺
之軀不如一尺之面一尺之面不如三寸之鼻三
寸之鼻又不如一點之心度曰人之心如何相之。
師曰要知天上意須在雲中取要知心裏事須辨
眼中神汝積陰隲（陰隲論見後）猶如耳鳴惟

已知之但我看汝目光不浮。而紫氣貫睛口角紋
長過於陂池而韶韐頓美定行陰隲變相也必享
極貴之天爵後果官至出將入相自題像賛云爾
身不長貌不揚胡爲將胡爲相一點靈台丹青
莫狀

【司馬德操相關羽】　關夫子相得清奇古怪四大
威儀正氣神光滿面丹鳳之眼細長而內含眞彩
清之正也。臥蠶之眉五道飄拂及腹之鬚奇之正
也五岳隆起四水歸源古之正也。面赤氣清神藏
威露怪之正也。司馬德操相曰觀公兩目眞光英
氣逼人當建非常功業千百年後與天地並立徐
庶在旁問曰目中有眞何以定千百年之事業答
曰眞之本源乃得之於五臟六腑之精華發之於
目者爲眞卽慧眼佛眼天眼之靈光也得此其福
位則鬼神不能移聖智莫能易也望之氣揚四座
威鑠八方寵辱不驚其神喜怒不觸其色眞如靑
天白日光明正大令人可親可畏爲人必全忠義

何也蓋形以七尺為期貌合兩儀而論五形為外
剛柔喜怒跳伏為內剛柔五行之治在天為金木
水火土在人為心肝脾肺腎外為耳目口鼻舌發
為仁義禮智信其此五德配五行之相上之為聖
賢為神明次之為大臣為名臣無不可見也

【范仲淹之相】 仲淹為秀才時便以天下為己任
相者曰眉濃伏彩目秀貫形鼻直而蘭廷輔正為
人忠正厚德觀君目中有眞氣魄有光英偉端大
剛介莊嚴不過一清廉之貴質觀君容顏奇妙威
德自在內秉聖德如見神姿眞賢相也故為官清
正不以子孫為計以天下之憂樂為憂樂史斷
其孝悌滿鄉黨忠義滿朝廷事業滿邊隅功名滿
天下

【唐舉相孟嘗君】 春秋四公子皆以得人稱而田
文尤著生於五月五其父靖郭君惡其有刑剋
十歲時唐舉一見奇焉其父曰此兒形貌不逾中
人豈堪負荷吾家堂構舉曰此子目彩五輝有望

營天下之色必當開基立業豈止承襲先蔭更取
其面部得其地勢當有賢士共業其父曰言其相
貴則有之何由知有共事之人舉曰論相取各各
輔佐朝供有等身雄而手足不稱而倉
骨顏欹鼻端而眉散傾斷口大而鬚單斜皆主
孤立無助也我視公子眉助三台口通四瀆鼻正
土厚山高瑩光得氣乃主朋友君臣皆可以
相得之容故知其材量質性足以寵罩一世容納
四國便非凡人可以後孟嘗果封國君舉至嘗曰
君言固驗於昔今觀吾食客三千誰應君相舉曰
諸客雖各有才技獨取馮驩精神意氣乃純正義
俠之質也嘗曰我疑之驩無能為下客每問其彈
鋏之歌我亦疑之舉曰我視其胸次落落有勇敢

之氣在貧不以為羞行人之所難
行於人之不為可為君之良佐也孟嘗
債於薛驩盡焚其券市義而歸及嘗罷相歸薛居
民扶老攜幼迎候道左嘗顧謂驩曰先生所為市

義乃今日見之。因此孟嘗君名聞諸侯久齊國

【鬼谷相孫臏】　孫臏拜鬼谷爲師。一日在山谷中

談道師忽見臏上六氣皆泛紅氣如晚霞映水之

色黑氣如烏鳥集林之象師驚曰黑紅之氣纏於

岳瀆此爲珠玉陷於泥中主身陷凶獄傷命之難

臏曰弟子在幽谷中至心樂身安養性修心有何

凶氣焰於面耶師云。然唯氣色朝出於面暮歸

於肺非論人憂患而成凶亦非論人安靜而成吉

凡氣色之本源乃由心脾肺腎五臟而發青黃赤

白黑五色而焰其狀大小不同形狀亦不一或現

五彩或焰三光或如浮雲或如飛鳥青色主憂驚

赤色主血光口舌白主折傷孝服黑主牢獄死亡

黃色主吉慶紫色主降天祿臏問云黃色之中獨

取黃紫爲吉者何也師曰黃色乃胎養之氣四季

各旺十八日故爲吉慶紫色乃五臟中之精華五

色中之彩色故降天祿臏拜求脫難之法師細察

其面指曰看汝六氣雖然浮沈未定眼有守神亦

無大凶臏間云吉凶既論氣色爲主如何又論眼

神師云凡人面上黑氣如愁雲四起眼有神光而

安靜縱有災難無傷於命此便爲神能留氣面上

氣色雖見光明華彩神泛睛浮縱有小吉其凶速

至此便爲氣不能留神故人有氣無色者未能驟

【鉗徒相衛青】　衛青受刑於獄鉗徒相曰觀汝國

印氣焰於官祿即堂十日內必然恩赦而得祿青

嘆曰得脫刑戮之難足矣何敢望祿鉗徒曰唐符

國即定來因紫赤名符黃紫印求名必解官陞職

刑徒將戮赦來恩青問曰我在獄憂心切切焉得

有喜色形於面貌耶鉗徒曰氣色者有天機自動

之妙非論人憂樂而成美惡之色也凡人安靜時

鼻準上如鈆血豬肝之色一年內飛災與損丁驟

至患難時五山之頂新開嫩黃色內紫氣輝煌百

日內身受皇恩青問何也鉗徒曰氣色之性得天

地造化輾動之機而轉化者也故禍福未至其氣

九四

先行吉徵未能生　由氣先祥也今觀君印堂中氣色如月破重雲之
由氣先孽也今觀君印堂中氣色如月破重雲之
象喜逢險愈見奇祥又見帝座上黃光中起一
層之色此便爲國印紫氣數日內必然福集禍消
果不出旬日遇大赦後立大功封長平侯

附右醫道人陰騭祕論

陰騭之理懷天地五常之性抱陰陽兩氣之靈通於
肺腑之間先察三十六宮（三十六宮部位俱在面
上而左眼下爲陰騭宮陰騭紋現必主兒孫富貴陰
騭紋卽三陰三陽之處光明不枯陷而繞黃紫氣者
方是）陰騭出入之神露辨部位合其格天性合其
情而用乘除加折之法吉凶無遺矣耳目口鼻乃相
貌中之先天氣魄精神乃相貌中之後天陰騭紋乃
心田中之靈苗能挽回人之造化而逢凶化吉也
呂尙無形篇曰未觀相貌先相心田有心無相相
心生有相無心相從心者有形而無質居于形
體之內不可得而見也其可見者莫良乎眸子眸子

不能掩其惡故心欲害人事雖未舉其眼先露狠威
而心轉惡心欲救人口雖未言其眼先現青蓮而睛
定光古云論目神雖爲心之外表然而觀人氣色亦
可以辨其心也故有慈悲心忍辱心者自有一種祥
和藹吉之氣有忠義心正直心者自有一種威嚴清
肅之氣有貪嗔心癡迷心者自有一種陰霾暗昧之
氣陰騭紋不能長現於面有紋必有氣而有色觀者
須於人事未接鷄聲唱曉時用燭光照之可見或在
大喜時隨時發現或在大怒時隨氣顯露或位天清
月皎而發明或遇轟雷震地而吐光則善惡必露禍
福速至矣太乙眞人曰積善雖無人見陰騭透出天
機何知其人天賜祿福堂紅潤四倉明何知其人天
降災三天黑霧命宮青（三天指天中天府天門也）
何知其人絕處生眉散重生髮紺青何知其人福壽
增目晦重明齜得神何知其人死速至肥肉青浮黑
瘦枯呂祖曰善惡雖觀外形而合內表可鑑如存心
陰德者其神靜而安藏使心用計者其神怒而睛耗

形爲心役者病事爲心役者敗心爲神役者奸神爲
心役者亡如陰騭紋科名星國印氣三者乃積德相
之先兆也眼下蠶肉烏青眼內光散神離三堂（印
堂與左右耳前玉堂也）氣暗色昧者乃作孽相之
預兆也科名星乃肉中隱藏一股精華如珠發現之
氣也國印氣乃內黃而外紫鋒鋩碧耀如光吞萬象
之色也若慘刻立威而損行昧心作孽而喪心者黑
毒氣先從眼內冲出繞定於三天盤結於年壽猶如
蠱雷未震之象必犯天怒而有遺災遭禍之厄吁吉
凶定矣富貴昭然相在心田拘泥于陰騭變相論篇
之說猶在於形相之外也